北京大学国家发展研究院报告系列

王贤青 范保群◎主编

改革的方向 2

中国需要什么样的企业和社会

林毅夫 周其仁 张维迎 姚洋 黄益平 等◎著

中信出版集团 · 北京

图书在版编目（CIP）数据

改革的方向 . 2 / 林毅夫等著 . -- 北京：中信出版社，2018.1

ISBN 978-7-5086-8402-4

I. ①改… II. ①林… III. ①中国经济－经济体制改革－研究 IV. ① F121

中国版本图书馆 CIP 数据核字（2017）第 286259 号

改革的方向 2

著　　者：林毅夫　等
出版发行：中信出版集团股份有限公司
（北京市朝阳区惠新东街甲 4 号富盛大厦 2 座　邮编　100029）
承 印 者：三河市西华印务有限公司

开　　本：880mm × 1230mm　1/32　　印　　张：11.25　　字　　数：223 千字
版　　次：2018 年 1 月第 1 版　　印　　次：2018 年 1 月第 1 次印刷
广告经营许可证：京朝工商广字第 8087 号
书　　号：ISBN 978-7-5086-8402-4
定　　价：59.00 元

探索改革开放 40 年来中国发展的逻辑和规律，

对于整个世界都有着非凡的意义。

序　言

1978年12月召开的党的十一届三中全会通常被认为是中国全面改革开放的起点。从这个起点算起，40年快要过去了。40年对个人来说，已经到了不惑之年，但在历史的长河中只是一个瞬间。然而，无论是不惑的年纪，还是历史的一瞬，中国这40年的经济发展无疑是光彩夺目的，在整个人类历史上都堪称奇迹。

40年前，中国是一个贫穷落后的国家。按照当时的美元汇率计算，中国1978年的人均GDP（国内生产总值）只有155美元，而当时非洲撒哈拉以南的多个国家人均GDP都已经达到492美元，中国还不到它们的1/3。但是到

2016 年，中国人均 GDP 已经超过 8 000 美元，按名义量计算增长了 50 多倍。中国 GDP 更是超过 11 万亿美元，不仅稳居世界第二，而且超过第三名（日本）、第四名（德国）和第五名（英国）的总和，年度 GDP 增量达到全球第一。

中国光彩夺目的成绩还有很多，在此不一一赘述。对于我们学者而言，比成功更吸引我们的，是成功背后的逻辑。1978 年前后，中国的人口、土地、资本、技术等几乎所有变量都并没有出现突然的、革命性的变化，那究竟是什么导致了 1978 年前后如此巨大的反差？北京大学国家发展研究院多位教授都对这个问题进行了深入的研究，并提出了自己的理论。比如，林毅夫认为，中国奇迹是因为采取了比较优势战略；周其仁认为，中国奇迹源于改革降低了中国的制度成本；张维迎则认为，中国的成功源于市场经济为企业家打开了大门。

探索改革开放 40 年来中国发展的逻辑和规律，对于整个世界都有着非凡的意义。毕竟，“二战”以来，全球能取得中国这样发展成绩的经济体寥寥无几。在全球近 200 个经济体当中，“二战”以来只有 13 个经济体取得过连续 25 年平均每年 7% 或更快的增长。能从低收入经济体连续增长，成为中等收入经济体，继而再成为高收入经济体的，只有韩国和中国台湾。中国大陆有希望成为第三个。

探索改革开放 40 年来中国发展的逻辑和规律，对于中国的未来更加意义非凡。站在今天的时点上，仅仅找到过去的发展逻辑和规律是不够的，因为今天的中国所拥有的资源，以及所面临的人民需求和全球生态都已经与40年前有很大的不同。

40年的发展大量依靠年轻劳动力的贡献，但如今人口红利正在消退。40年前，中国没有多少资本，如今资本已经过剩。40年的发展，造成了对环境的严重破坏。40年前，中国一穷二白，整个社会充满改革的动力，但今天已经形成巨大的既得利益群体，深化改革阻力重重。40年的发展，利用了中国与西方之间巨大的“海平面落差”，如今中国低端制造业已经丧失成本优势，高端制造业已经无法回避与西方的正面竞争。40年前，中国经济总量还很小，金融业简单可控，如今中国经济总量已经非常庞大，金融业更是繁杂多变，亟待更加有效的政府监管模式。

今天的中国正处在向高收入国家行列冲刺的门口。正如习近平在十九大报告中所言，今天，我们比历史上任何时期都更接近、更有信心和能力实现中华民族伟大复兴的目标。[①] 但是，行百里者半九十。中华民族的伟大复兴，绝不是轻轻松松、敲锣打鼓就能实现的。

面向未来，我们最可靠的选择依然和前40年一样，在改革中

① 习近平说，实现中华民族伟大复兴的中国梦是新时代中国共产党的历史使命［EB/OL］.（2017-10-18）. http://cpc.people.com.cn/19th/n1/2017/1018/c414305-29594243.html.

求发展。改革成为常态，不是坏事，而是说明中国永远都在进步之中。1978 年带来的变化，不仅仅在于“改革开放”，更在于“解放思想、实事求是”这 8 个字。

北京大学国家发展研究院一直是这 8 个字的践行者。北京大学国家发展研究院前身是林毅夫、易纲、海闻、张维迎、张帆、余明德 6 位海归经济学博士于 1994 年创立的北京大学中国经济研究中心。学院秉承北京大学兼容并包、和而不同的学风，鼓励教授们解放思想，鼓励不同的学术论见之间争鸣，同时又坚持实事求是的态度，鼓励教授们关注中国的现实问题，致力于学术与现实的结合。

经过 20 多年的发展，北京大学国家发展研究院的教师队伍不断壮大，吸引了一批又一批国内外知名学者。20 多年来，北京大学国家发展研究院的教师不仅引领了中国经济学和管理学的研究与教学，而且积极参与中国的改革进程，推动中国进步。在政府与市场的关系、新农村建设、国企改革、电信改革、股市治理、人口政策以及经济结构调整等诸多重大问题上，北京大学国家发展研究院产生了一批有影响力的政策建议——其中一些被政府全面采纳，成为中国高校智库当之无愧的领军者，2016 年入选国家首批高端智库。与此同时，北京大学国家发展研究院还做了大量的公众启蒙工作，通过论坛和研讨会向公众传递学术界的声音。

本次出版的“改革的方向”丛书就是北京大学国家发展研究

院最新研究成果和学术观点的结晶。当然，因为书的容量有限，我们还有大量的研究成果和观点无法收纳进来。在改革开放40周年之际，我们隆重推出这套书，抛砖引玉，希望唤起更多的有识之士对中国乃至全球发展深入思考，为中国与人类的进步碰撞和摸索出更多的智慧。

我们特别感谢中信出版集团对北京大学国家发展研究院的长期支持，也特别感谢我们的公关传播中心负责人王贤青和智库工作负责人范保群为这套书的出版所付出的艰巨努力。

姚洋

北京大学国家发展研究院院长

2017年11月16日于北京

目　录 | CONTENTS

第一章　企业应该往哪个方向走

第二章　中国创新有哪些路可走

第三章　谁是创造未来的领导者

第四章　如何理解体制

第五章 如何破解社会难题

第一章

企业应该往哪个方向走

市场的逻辑就是君子之道[①]

张维迎 （北京大学博雅特聘教授、国家发展研究院金光经济学讲席教授、市场网络经济研究中心主任）

讨论“君子”这个话题通常是文化学者和道德哲学家的事情，作为经济学者谈这个话题是有点儿为难，但我还是愿意给出一些自己的想法。

破解“囚徒困境”

人类社会的一个基本事实是，每个人都是自利的、以自我为中心的，但是人们只有相互合作才能生存和发展。2 000 多年前，荀子就说过：人的力气没有牛大，跑得也没有马快，为什么牛、

① 本文根据张维迎在广州“拙见”的演讲整理而成，2017 年 4 月 6 日首发于《南方周末》。

马能为人所用呢？因为“人能群，彼不能群”，也就是人会合作。

因此，人类社会面临的一个基本问题就是：如何让自利的人能够相互合作？在西方思想史中，这被称为“格劳秀斯难题”。格劳秀斯是400年前荷兰的自然法学家，他说：作为存在物，我们确实在追求私利，追求自我保全，并且爱争吵，但是，我们也渴望友善的社会交往。即使在获取生活必需品上无须相互帮助，我们也会渴望社会生活。人性的这两个因素使维持社会秩序问题变得非常明确：像我们这样爱争吵又渴望友善地进行社会交往的存在物应该如何在一起生活？为了满足我们友善地进行社会交往的愿望，我们必须对自己爱争吵的倾向制定什么样的限制？

格劳秀斯难题也就是经济学家现在讲的“囚徒困境”：尽管合作对所有当事人都是好事，但是自利的人基于个人理性的考虑可能选择不合作。为了解决这个问题，人类需要有一些共同遵守的基本行为准则，这些行为准则的基本功能就是使得自利的人能实现相互交往，不仅和平相处，而且合作共赢，“相偶不相残，相争不相害”。

这些行为准则就是我们通常讲的“道”。从古至今，伟大的思想家就是“为天下立道”者，东西方都是如此，但不同的思想家提出的“道”不尽相同。儒家的“礼”，就是孔子为人类立的道。君子是“礼”的人格化表述。如果一个人按“礼”行事，就是“君子”。所以君子不是一个具体的人，而是做人的标准，是合作的楷模。

自利利他：市场的逻辑

在古代社会，由于人类基本上处于零和博弈状态（一方所得即另一方所失），“利己”与“利他”经常处于对立之中，结果，倡导“君子”变成了要求牺牲个人利益的“利他主义”的道德说教。用儒家的话来说，就是“君子谋道不谋食”，“君子忧道不忧贫”，“君子喻于义，小人喻于利”，等等。类似地，在中世纪的欧洲，基督教倡导基督徒不应该成为商人，赚钱是不合道德的。但人类的本性决定了绝大多数人不可能不考虑自己的利益，不可能做到“不谋利”“不谋食”，结果就出现了大量的“伪君子”，他们以利人之名行损人利己之实。所以在古代社会，人类的合作程度非常低，基本局限在熟人范围之内。

200 多年前，人类发生了一场道德思想的革命，这场革命是英国经济学家亚当·斯密发动的。亚当·斯密之前，追求个人利益被认为是不道德的。亚当·斯密颠覆了这个传统观念。他证明，自利本身并不是不道德的；相反，在市场经济下，自利之心正是利他之行的主要驱动力。

亚当·斯密说：“人类几乎随时随地都需要同胞的协助，但要想仅仅依赖他人的仁慈，那一定是不行的……如果能够刺激他们的自利心，并表示对他们自己有利，那么，他们的行动就容易展开。我们每天所期望的食物，不是出自屠夫、酿酒师或面包师的仁慈，而是出于他们自利的打算。我们不要讨论他们的人道，而要讨论他们的自爱；不要对他们讲我们的需要，而要谈对他们的好处。”

他还说：“每个人都在不断努力以寻找与其能力相称的最具优势的就业岗位，这确实是出于对他自身利益而不是对社会的考虑。”但他受“‘看不见的手’的指引，去尽力实现一个并非其本意所要达到的目的。没有考虑社会利益，并不见得就对社会有害。一个人通过追求自身利益对社会利益的促进，往往比他有意为之还要有效”。

亚当·斯密揭示的自利和利他之间的关系，我称之为“市场的逻辑”。市场的逻辑就是：在市场中，一个人要自己活得幸福，首先要让别人幸福；如果你不能让别人幸福，自己也不可能活得幸福。比如，企业家要赚钱，首先要为消费者创造价值，让消费者满意。如果你不能生产出让消费者满意的产品，你不可能赚钱。这个逻辑不仅适用于企业家，也适用于每个人。

市场中的君子之道

现在，我按照市场的逻辑给出一个有关“君子”的分析框架。一个人做的任何一件事情都有两个评价维度：第一个是对自己好还是不好（个人善），第二个是对他人好还是不好（公共善）。这样就有 4 种可能：第一种，对自己有利，对别人也有利；第二种，对自己有利，对别人没有利，损害别人；第三种，对别人有利，但对自己不利；第四种，对自己不利又损害别人。

用这样一个框架来理解中国古代思想家讲的几种人：第一种人利己又利人，就是“君子”。第二种人利己但损人，就是“小人”。注意，君子和小人的区别不在于他是不是利己，而在于他是不是损人。第三种人损己而利人，做事情给自己带来伤害，但是成全了别人，就是“圣人”。圣人和君子的区别不在于他是不是利人，而在于他是不是愿意为他人而牺牲自己的利益。最后一种人既损害别人又伤害自己，可以叫“恶人”，也可以叫“愚人”，因为他不仅恶，而且非常愚蠢。

依次来看，市场的逻辑就是君子之道。市场不要求我们变成损己利人的“圣人”，但市场会惩罚损人利己的“小人”。市场中君子做人做事的标准，我归结为以下 5 点：

第一，利己先利人。所谓“君子爱财，取之有道”，这个“道”是什么？就是你要为他人创造价值。如果你是一个企业家、老板，你向消费者收取的费用，不应超过你为他创造的价值。如果做到这一点，你再赚钱，那你就是君子。在市场中，不仅企业家，每个人在谋取自己的利益的时候，都要问一下自己做这件事能不能给别人带来好处。如果给别人带来的好处大于你自己从中所得，就是君子所为；如果给别人带来的好处小于你自己从中所得，就是小人所为。用这个标准来看，真正的君子，不能利用人性的弱点来赚钱。如果你明明知道别人买了这个东西之后会后悔，仍然忽悠别人买，你就是在利用人性的弱点赚钱，这就不是君子所为。君子也不应该利用政府关系或者政府给予的特权赚钱。如果一个企业家不是真的去满足消费者，为消费者生产出最好的产品，而是想着怎么讨好政府，从政府拿到特权来赚钱，这就是小人所为，不是君子爱财应取之道。

第二，诚实守信。市场经济不是一次性博弈，不是一锤子买卖，我们玩的是重复博弈。每个人都知道，在重复博弈中最重要的是你的声誉，即别人对你的信任。如果别人信任你，就愿意跟你持续地做生意，买你的东西，或者与你形成其他的合作关系，这样你才可以赚更多的钱。所以，诚实守信可以说是市场经济中最好的商业政策。如果一个人不能够建立良好的声誉，那么他不可能在市场上持续赚钱。靠坑蒙拐骗，即使短期内成功，时间长了也一定会失败。这样的人之所以是“小人”，不是因为他自私自利，而是他愚蠢、鼠目寸光，不知道诚实守信才是自己的长远利益所在。

从这个角度，我们可以重新解释一下“君子喻于义，小人喻于利”。这里的“义”可以理解为长远利益，“利”是指眼前的蝇头小利。君子注重长远利益，小人注重眼前利益。这样就可以把古代儒家倡导的行为准则与现代市场中人们应该遵守的行为规则统一起来。

第三，换位思考或者叫“忠恕之道”。“己所不欲，勿施于人”，“己欲立而立人，己欲达而达人”，这是儒家的“忠恕之道”。“忠恕之道”来自人类换位思考的能力，没有这种能力，人类就不可能合作。忠恕之道隐含的一个假设是人与人是平等的，你是人，别人也是人，所以我们要平等对待每一个人。我们做任何事情不仅要考虑自己，也要考虑别人；你想赚钱，别人也想赚钱；你想从交易中得到好处，别人也想。只有这样思考问题，你才能够真正实现自己的利。这就是亚当·斯密所说的“不要对他们讲我们的需要，而要谈对他们的好处”这句话的含义。一个人做生意时如果只想着自己得好处，不同时想着别人也想得好处，交易就不可能发生。“忠恕之道”不仅对个人适用，对处理国家与国家之间的关系也适用。如果一个人做事情只考虑自己，不考虑别人，可以说他是愚蠢的，也可以说他是极度自私的。同理，如果我们认为我们自己国家的利益才是唯一重要的，其他国家的利益不用考虑，这就不是君子之道。

第四，尊重产权和每个人的基本权利。产权是市场逻辑的基础，尊重产权意味着尊重别人的意愿，任何交易都要建立在别人愿意的基础上，只有别人愿意的才是好的事情。我们不能强迫任何人做交易。尊重产权是正义的基本要求，比仁慈更重要。一个人即使成天为慈善捐款，如果他不尊重别人的产权和基本权利（包括言论自由的权利），无论是商人还是政府官员，这样的人也绝对不可以称为君子。

第五，有创新精神。从长远来看，人类社会的进步都来自创新。市场经济是创新经济，不是循环经济。我们今天消费的东西跟200年前非常不一样，200年前人类消费的产品种类数是10^2—10^3，今天是10^8—10^{10}，这些新产品都是创新的结果。现代社会中，一个人要想成为君子，就要有创新思维和创新精神，至少不应该阻碍别人创新。一个人如果不仅自己不创新而且总是试图阻碍别人创新，也不能够叫作君子。由于创新总是面临不确定性，有失败的风险，君子也应该具备宽容精神。

法治社会与君子之国

依照市场的逻辑，市场经济一定是君子主导的经济，因为对每一个人来说，只有对别人做出贡献，自己才能得到好处。企业家赚钱的前提是为客户创造价值；员工如果不能为企业的生产做出贡献，也不能保住自己的饭碗。

相比之下，传统社会发财致富和获得高官厚禄主要靠强盗逻辑，而非市场逻辑。社会地位最高、积累财富最多、最受民众顶礼膜拜的人，通常就是那些杀人最多、掠夺财富最多、统治和奴役人数最多的人。按我刚才说的标准，古代好多贵族、骑士、将军、政治家，都谈不上是君子。下面这个故事就说明了这一点。

20世纪初，英国首相劳合·乔治设了一些新的爵位，授予那些靠自己打拼成了百万富翁、刚刚置办了大片地产的人。这引起了英国一位世袭议员的强烈不满。当问这位议员“您祖上是怎么得到爵位的”时，他厉声回答道：“全靠战斧，先生，全靠战斧！”这是古代贵族的起源。

“利己先利人”当然是理想状况，在现实市场中总是存在损人利己的“小人”。为什么？主要原因是我们的制度有漏洞。最重要的制度是法律制度和社会规范。如果一个社会中私有财产得不到有效的保护，不能形成一个公平竞争的商业环境，君子就很难在竞争中胜过小人，小人就会多起来。

有一个需要讨论的问题是：能否用守法还是违法来区别“君子”和“小人”？简单地说，在理想状态下是可以的，现实中却不一定成立。在理想状态下，合理的就是合法的，合法的就是合理的。此时，守法既利人又利己，违法既损人又害己，做君子就容易，做合法的事情就是合理的，不守法的人不可能是君子。但是现实中，如果一个社会法律不合天理（自然法），合理的不合法，合法的不合理，做君子就很难，违法的未必是“小人”，守法的也未必是“君子”。

如果一个社会中，对个人来说，利人不如损人，君子竞争不过小人，这个社会中的小人就会越来越多，君子就会越来越少，说明这个社会真的出问题了。

产业集群的逻辑

张晓波 （北京大学国家发展研究院教授、国家“千人计划”讲座教授）

短短十几年时间，中国怎么就一下子变成了世界工厂？这其中的奥秘在哪里？用传统的发展经济学很难解释中国如此快速的工业化。对于工业化的思考，主流经济学家常常将美国和其他发达国家作为参照物，在发达国家他们看到了如下两个特点。

一是金融体系很完善。到美国之后入学的第一天，学校就让我填个表，开通信用卡。出国之前从未见过，那时我是第一次见到信用卡。这说明中国发展初期的金融制度很落后。根据发达国家的经验，金融市场对工业来说至关重要。因为企业投资金额比较大，一个人的资金有限，必须把大家的资金集中起来才能买设备，建现代化的厂房。如果金融不发达，工业化就很难实施，所以金融发展被认为是工业化最重要的基础之一。这是主流经济学普遍认同的观点。

二是制度发挥重要作用。诺贝尔经济学奖得主诺斯和最近的克拉克奖得主阿西莫格鲁都强调制度很重要。纵观全球，凡是做得好的国家，制度都比较完善。但我们要考虑到其中的先后顺序，也许是先有经济发展，再有制度跟进。如果看一下美国的历史，会发现美国的制度也不是一开始就那么完善的。例如，黑人到20世纪60年代才开始拥有投票权，妇女的很多权利也是最近才有的。在弗吉尼亚州，20世纪60年代以前，亚裔女性都不允许和白人结婚。我们也应该看到制度的发展是随时间而变化的。我们不能看到发达国家制度完善就简单地认为没有好的制度在先，就没有经济发展。

接下来看看中国的现实。

在讨论中国的金融体系之前，先举一个例子。孟加拉国的穆罕默德·尤努斯因推广微型贷款而获诺贝尔和平奖。尽管孟加拉国做了这么多年的微型贷款，但国家整体上还是那么穷。中国没有大规模推广过微型贷款，现在也基本没有，却发展起来了。西方有人把微型贷款做得有点教条化，像发展经济学的主流阵地麻省理工学院等，花大笔钱做随机试验，推广微型贷款，证明其有效性。如果这些经济学家来中国看一看，就会发现发展经济学的一些主流想法与现实有很大的差距。

中国从改革开放到现在，国有银行很少贷款给私人企业。没有正规金融的支持，中国老百姓是怎么把企业做起来的？最近在《金融经济学刊》（*Journal of Financial Economics*）上发表的一篇由宾夕法尼亚大学沃顿商学院的一位教授和他的两名中国学生共同撰写的一篇文章认为，中国的经济发展主要得益于非正规金融。中国经济发展得这么快，肯定是因为非正规金融发展得好。改革开放初期，农民都很穷，我 10 岁以前都待在生产队，当时一个工分几毛钱，即使大家把钱凑在一起，也解决不了大问题。

再来看看中国的制度。

中国的私有产权到 2004 年才被写入《中华人民共和国宪法》，在这之前，只要募工超过 7 个人就有搞资本主义的嫌疑。中国显然没有西方那么完善的产权保护制度。

在两个条件都不能满足的情况下，中国是怎么变成世界强国的？我找到的答案是产业集群。

当面对障碍时，人们会想出很多克服的办法，其中一种办法就是集群的生产方式。人是社会关系的总和，是群居动物。人们通过聚集，发挥社会资本优势，可以克服金融资本和制度资本的劣势。

介绍集群的概念之前，先简单介绍一个身边的集群：北京大学食堂。北京大学一共有 13 个食堂，每个食堂设有很多小窗口，每个窗口都是承包出去的。食堂里面有分配，中间的窗口卖浙江菜，左边的卖四川菜，右边的卖湖南菜。表面上这些窗口的承包者之间存在竞争关系，但实际上他们之间也有合作。在哪些方面合作呢？食堂统一安排扫地、洗碗、收碟子，统一蒸馒头和煮米饭。这种模式最大的好处是降低了进入门槛。在食堂开个小窗口很容易，只要租一个小店，推出一种风味，成本较低，因为大部分成本都由食堂后勤统一承担。从北京大学食堂的例子可以看出集群的主要特征：做同类生意的集中在一起，既有竞争，又有合作，但合作的优势超过了竞争的劣势。由于竞争，各个窗口都必须提高服务水平，保证饭菜质量，这能整体提高食堂的效率。这与集群的机理有关系。

我们可以再举几个例子，来看看集群的规模与普遍程度。比如《纽约时报》报道的大唐袜业。浙江省诸暨市大唐镇一年至少生产 60 亿双袜子，这还是 2008 年的数据，现在肯定超过 80 亿双了。这意味着，一个普通小镇生产的袜子，全世界每人一年一双都消费不完。

再如浙江省嵊州市的领带集群，其领带生产量占全球的 40%。1984 年之前，这里从来没有生产过领带。1984 年，香港一个客商前来投资，这里才开始生产领带。现在嵊州已成为全世界最大的领带生产基地。

浙江省台州市桥头镇生产全世界 70% 的纽扣；浙江省上虞市崧厦镇一年生产 3.5 亿把雨伞；浙江省桐乡市濮院镇一年生产

5 000 万件羊毛衫，是全世界最大的羊毛衫生产集群。

很多人听说过义乌——世界上最大的小商品市场。义乌本地户籍人口仅有 74 万，外来人口超过 120 万。20 世纪 70 年代时，这里还是一个普通的农业县，现在已经和地级市差不多，由省直辖，享受地级市待遇。在地图上可以看出义乌的位置，离上海、杭州都比较远，在浙江的最中间。

在并不优越的地理条件下，义乌是怎么做起来的？在义乌，走进任何一个商城，都能看到不同的产品区域，卖同类产品的都集中在一起。这里只做批发，不做零售。客商看中样品之后下单，交 30% 的货款作为定金，一周后，买卖双方在物流仓储中心验货、付尾款。完成以后，立刻装箱发货，到旁边的海关验关，海关贴上封条以后，集装箱就被直接运到上海或宁波港。义乌的商店和旅馆通常有三种语言标识，即中文、阿拉伯文和英文，专业翻译随处都是。

商家聚集在一起的好处就是能把客商吸引过来。人们来这里可以买到几乎任何东西，英文里叫作“one stop shopping”（一站式购物）。客商采购的货物要通过集装箱发运，所以集装箱装得越满，每件商品的运费就越低。

在义乌，外国人占 10% 以上。我在义乌商城里采访过来自非洲国家、阿拉伯的一些商人。一个乌干达的客商告诉我他来义乌的主要原因是在这里什么都能买到，只要集装箱还有一点儿空隙，他就买点儿塑料拖鞋塞进去。

浙江省的制造业在一定程度上成就了义乌，同时，义乌的兴起也带动了浙江省的制造业。值得一提的是，在这里开铺子的大部分人并不来自生产厂家。他们只是在拿到订单之后，立即打电话给周边的浙江集群组织生产，双方谈好条件，一周以后交货。通过这样一个把市场信息和全世界的需求都汇集到一起的方式，义乌不仅自身得到发展，也促进了浙江省经济的整体发展。

所有的集群都有一个共同的特点：有市场。浙江省嵊州市有中国领带城，广告牌上写的是“请到中国领带城里来”。很多集群都冠自己为“××之都”。比如，温州市号称“中国鞋都”，濮院镇是“中国羊毛衫之都”。开车到一个集群的边界，常常可以看到类似的广告牌，这叫地域广告，很多地方还在电视台播放地域广告。一旦把某种产品和地域联系起来，消费者就会慕名而来。做广告具有规模经济，当地经济规模越大，每个厂家平均分摊的广告成本就越低。如果每个厂家都分别做广告的话，成本就高多了。产业集聚可以降低企业的市场营销费用。

做同样产品的厂家集聚在一起，必然面临残酷的竞争，为了减少竞争，各个厂家会尽量区分它们的产品。比如嵊州领带城里，有的专卖真丝领带，有的专卖布料，有的专卖制服用的领带，有的专卖按扣的领带，有的专卖丝巾。总而言之，大家尽量同中求异。这就好像看地图，从地图上看，中国的版图如同一只雄鸡，在谷歌地图上越拉近来看，差异性就会越明显。

著名经济学家马歇尔著有《经济学原理》，其中有 4 章专门讲工业园区，非常精彩。马歇尔对 19 世纪英国的市场、工业化进程和工业组织的描写都非常细微，他所描述的和现在很相似。当时，他发现工业生产有集群化的趋势，并总结出三大优点。

（1）市场连接。一旦一种东西在一起生产，销售不用愁。做生意的人就会慕名来买，因为他知道所有的型号都可以在这里买到，可以节省搜索成本。厂家也可以节省采购成本和销售成本，因为这里面也包括原材料市场，打个电话就能送货上门。还有专门提供零配件和修理服务的，厂子里面没有必要聘请修理人员，也没有必要雇个车队，因为你的货不必你自己去运，会专门有人来提货。你也没有必要去外面做广告，因为别人会主动找上门来。对双方来说都节省成本，市场距离就拉近了，所以马歇尔将这一优势称为市场联动（market linkage）。

（2）增进就业。你去一个地方工作，如果这个地方只有一个领带厂，而你只会缝纫，那么领带厂倒闭了，你就很难再找工作，因为换一家其他类型的工厂，你的技术可能就没用了。但是，马歇尔说，如果这个地方，大家都做一样的东西，一个厂倒闭了，你立刻就可以去别的厂。这样一来，工人们凭借所学的技术只要留在集群地区就总有工作。而且市场大了之后，夫妻两个都可以找到工作，所以马歇尔强调这一点叫作劳动力池效应（labor pooling effect）。

（3）更重要的是学习。在集群中，很多东西的学习比想象的要容易得多，你亲眼看到别人如何操作，就很容易模仿了。这就给了想成为企业家的人一个机会，让他们尝试并学习成为一名企业家。

以上三点，我不否认在集群里都可以看到。根据这么多年的研究，其实集群还有另外几个好处，这几个好处尤其适合中国改革开放初期的土壤。

第一，集群可以克服做生意的资金障碍。

第二，集群具有制度优势，很多穷的地方难免有制度缺陷，导致出现腐败、黑帮敲诈，在集群里面可以降低被敲诈和被欺负的可能性。

第三，集群可以更好地应对市场的波动。

第四，集群具有共生性，这是一个生物学的概念。集群给具有不同才能、拥有不同资金的人一个机会，大家相互依存。

接下来，我们以案例的形式一个一个展开分析。

浙江省桐乡市濮院镇的羊毛衫产业为什么能形成集群？这个集群位于上海和杭州中间，正好处在国道上。1976 年，本地一个乡镇企业尝试做羊毛衫，结果销路很好。工人一看销路那么好，就在自家仿造。这导致一个问题，大家都想到国道上摆摊，都往路中间挤，造成国道天天堵车。管理部门起初用“赶”的政策，每天轰摆摊者，但执法人员前脚刚走，摆摊者后脚又回来了。

1988 年，镇政府想出一个疏导的办法：在路边建市场。最初搭建了一个比较简陋的市场，能遮阳避雨，然后劝摆摊者去租或者买市场里的摊位。但有一个条件，就是必须正式注册。对摆摊者来说，进入市场意味着不用在风里雨里摆摊，也不用抢摊位；对政府而言，摆摊者都迁到了市场内，执法方便。

第一期建设的市场非常受欢迎，摊位很快就租出或卖出。政府一看建市场可行，于是开始建第二期、第三期、第四期，一期比一期大。市场建好以后，外地客商越来越多，羊毛衫销路也畅通了，做羊毛衫生意的也就越来越多。

但新的物流问题就凸显出来了。比如，发往上海市场的货最多，于是大家都想垄断去上海的运输路线。有一年，几家商户因为抢生意闹出命案，各方都很头疼。为了解决这个问题，政府决定出面筹资合股建立濮院镇物流中心。建好以后，物流中心将发往全国各主要市场的路线每三年拍卖一次，避免直接分配带来的矛盾。所以，物流中心是由政府控股、私人运营的。从这一点来看，其管理很具创新性。有了物流中心，羊毛衫运得出去，原材料也运得进来，市场规模不断扩大。到 2005—2006 年，濮院镇羊毛衫的生产销售规模达到 5 亿件，家庭作坊有 4 000 多户，卖羊毛衫的商铺有 6 000 多家，从事羊毛衫产业的有 6 万多人，每年的营业额达到 100 亿元。本地原来只有两三万人，现在仅外地人口就有 10 万，远远超过本地人口。

亚当·斯密说："市场有多大，分工就有多细。"随着市场规模的扩大，分工也越来越细。在美国，大部分工序在一个工厂内完成：各工厂有自己的设计师，产品设计好以后，生产厂家直接买毛线、织成布片、到印染厂染色，之后再裁、缝拉链、钉纽扣、熨整、包装等，工厂的整体成本比较高。

濮院镇则采用了不同的模式。6 000 多人从事销售并组织生产，但这些人一般并不拥有生产设施。就像义乌小商品批发市场那样，商户一般主要负责接单，拿了单子，就联系并组织各个工序的生产，而这些工序大多是由散户来完成的。这种由商人主导的生产分工方式，在马歇尔的《经济学原理》中被称为包商制（putting-out）。在英国工业革命前期，包商制很流行，商人拿着样品，带着原材料，将生产包分发到各家各户。所以，中国现在的集群模式和英国两三百年前的包商制在很大程度上是一样的。

濮院镇的这个集群并不大，只有方圆两公里，市场主要集中在国道两边。商户最主要的任务是拿订单。接单以后才组织生产。为了拿订单，必须要在商店里挂一些样品。对于样品，集群里有专卖时尚杂志的。这些组织生产的商人买一些杂志，如看到好的，就拿到电脑辅助设计室对原有设计略微做些调整，比如将图案中的字母改改，然后再把颜色调调，最后打样。

开电脑辅助设计室只需要一个人、一台电脑和一台打样机。一接到订单，商户就开始组织生产。先到毛线市场上订货，再将毛线运到印染厂染色，然后将毛线织成毛衣、熨整、钉扣，最后运到商铺，由老板亲自验货。缝上商标、包装之后，由运输专业户将货发送到物流中心，运往各处。镇政府为了节省能源，建了一个大锅炉，将几百户熨整作坊集中到一起，统一提供热气，用于熨烫。

本文开头提到，经济发展离不开好的金融体系。这些集群又是怎么帮助克服资本壁垒的呢？我们在濮院镇调查了上百家商铺和作坊，询问其初始创业本金和后续资金来源，发现商铺和作坊的投资成本其实都很低，比如织布作坊，平均投资 7 万元就能干。2007 年人均年收入大约是 4 万元，这意味着一个人干两三年就能开织布作坊。有的生产环节的投资门槛则比较高，比如物流中心，需投资 4 000 万元，一般人没有那么多资金，政府就通过股份制融资。在详尽的分工下，人们都可以根据自己的资金情况找到适合自己的创业机会。企业家创业以后，赚了钱，将利润用于再生产，雪球越滚越大。

中国的企业大多是从这种微型企业做起来的。反过来，如果没有集群，可能只有少数几个人能有钱投资建大厂，如此一来，中国的工业化道路就会行进得缓慢很多。

做企业不仅需要初始资本，还需要流动资本。在中国，中小企业很少通过银行贷款来获取流动资本，因为流动资本一般都很急用，而从银行贷款的程序太复杂，时间上来不及。大部分中小企业的流动资本基本上都是靠非正规金融获取的：一是向亲戚朋友借钱；二是靠商业信用，上家给下家信用或下家给上家信用。还有一个办法是灵活付款。集群里的付款方式多种多样，大家可以根据自己的资金情况来协商上下游的付款方式和时间，这种制度安排也有利于缓解资金短缺问题。

当然，我们在调查中也发现，投资门槛比较高（300 万元以上）、有大额固定资产的，如物流中心和印染厂，银行贷款还是其获取流动资本的主要渠道。

集群还有一个重要作用，可以弥补正规制度的不足，那就是信用。

在我们调查的 4 个集群中，只看到一份正规的合同，专门用于外贸出口。其他的大多都没有任何合同，顶多就是一张收据。很多中小企业没有律师，不像美国商业交易大多都要有合同，还要律师过目。尽管没有正规的合同和律师，中国的集群似乎运作得很好。

人们的信用程度为什么那么高呢？给大家讲一个案例。我曾经在濮院镇采访过一个来自河南的三轮车师傅，我问他："您给人拉货，从不签个合同，也没有收据，人家怎么知道您到底拉了多少货，怎么就这么信得过您？"师傅回答说："从事运输的基本都是我们河南人，我们基本上每人负责一个街区。如果我不讲信用，客户很容易找别人来替代我。他们还会在同行中散播我不讲信用的信息，使得我很难再找到类似的工作。"之后我问过毛线商信息是怎么传播的，他们告诉我大家经常见面，打麻将的时候都可能会交流类似的信息。

这很重要，集群里的商家都是彼此重复交易的，属于经济学中的重复博弈。在这种情况下，人们违约的机会成本很大。要建立信用很难，要毁掉信用很容易。如果一个人的信誉不好，在集群里是干不下去的。换到另一个镇，他的技艺可能变得一文不值，因为那个镇可能是做木材的，而不做羊毛衫。这使得每个人离开这里的机会成本很大。如此，人人都不得不自律，从而减少了对正规制度的依赖。这就是集群的一个重要功能：利用社会网络的作用和信息流动畅通的特点，弥补正规金融和制度的不足。

在我们的调查中，集群里出现的纠纷很少，即使有，大部分也都能私下协商解决。即便像客户不付账的行为，他们也很少去打官司，大部分人都通情达理。不付账主要就是因为真没钱了，打赢官司也拿不回钱来，更何况打官司也要花钱花时间。

当然，有出口业务的大企业，一般会有法律顾问。

在许多发展中国家，企业家面临恶劣的投资环境，在做生意时，会受到许多方面的骚扰，如贪官、恶霸、黑社会。但企业可以通过集群的方式降低被骚扰的概率，这是我特别想强调的一点。

在甘肃调研时，我们发现有个乡镇只有几家企业，而且中午都关门。一问才知道，如果中午开门，乡镇干部就会天天来吃饭，从来不付钱，所以企业不得不关门。而在浙江的集群，这种现象很少，原因很简单，集群里企业数目众多。比如，濮院镇有 6 000 多家羊毛衫零售商，4 000 多家作坊，加起来上万家。中国公务员的人数是按本地户口人数配比的，和经济规模没有什么关联，因此在沿海地区，相对于经济规模而言，政府的规模就小很多。濮院镇只有几十个干部，即使这些干部天天都到企业去吃，一个企业一年平均才被骚扰一次，相比甘肃的企业，负担小很多。

我曾去孟加拉国参观产业园区，问里面的企业为什么会到园区里落户，最常听到的回答是安全。在园区外，警察和税务人员经常来骚扰；在园区内，有专人站岗，警察、税务人员也进不来，同时开发商也会雇人统一来打点这些人，节省了每家分别打点的成本。

集群对于产业转移也有帮助。东部地区由于地价和工资上涨，劳动密集型产业利润越来越低，温州鞋业尤其如此。温州鞋业自 2004 年之后一直想往西部和中部转移，利用那里的廉价土地和相对便宜的劳动力。但是单个企业转移比较困难，没有和地方政府博弈的能力。地方政府在企业来投资前，可能答应得很好，但一旦投资后，许多条件落实不了，还经常敲企业的竹杠。温州人很聪明，就用集群的方式：温州鞋业协会和重庆璧县签协议，在当地征地 1 800 亩，建西部鞋都。温州鞋业协会负责招商引资，将市场和上下游相关企业一起搬过去，整个开发区前 5 年由一位温州退休的区委书记来管理。5 年之后，再将管理权交给璧县政府。短短几年，西部鞋都已经做到很大规模。

中国企业向非洲发展也用了同样的办法：中国商人在埃塞俄比亚参与建设开发区，组织几十家国内相关企业一起去，现在生意非常好。如果是单独一家企业去，那么处理相关问题就会比较麻烦；而几十家企业一起去，可以分担打点地方关系的成本。

以上分享的都是个案，接下来我们要问：在大样本下，我们还能否观察到这个规律？根据 2004 年的经济普查，我们可以计算各地企业的实际赋税情况。从数据中，我们可以发现，企业聚集度高的地区，企业的实际税率相对要低。虽然大家知道在一起有竞争，毛利润率可能会下降，但是还在拼命扎堆。由于聚集以后，每个企业被骚扰的概率小了，实际利润率不一定下降。这就是企业明明知道集群里竞争那么激烈还要扎堆的原因：虽然毛利润率降低，但净利润率有可能会提高，因为在集群里的交易成本较低。

企业在集群里面还有一个很大的优势，就是灵活生产，这也是非常重要的一点。

企业的生产总有波动性，有淡季和旺季之分。如果订单多了，自己生产不过来，就可以利用集群的优势，轻松地外包一些单子出去。如果订单不足，也可以转接别的企业的订单。生产规模的灵活性可以帮助企业降低运营成本。

我曾采访过一个老板，他只雇 50 个人。我很好奇，就问：“你为什么就雇 50 个人？”他的解释是：要拿下大订单，必须有厂房设备，这会给客商增加一份信任感；实际的工人规模却不能太大，万一哪天接不到单子，太大就会有一部分工人走，再雇用工人的成本就太高了。既不让工人走，又不养太多人，不白发工资，所以他就保持 50 个核心人员，保证这些人总有事情做。订单多就外包。所以在集群里，表面上看起来企业很多，各家是竞争关系，其实它们之间也有很多合作。通过相互分单，降低彼此生产的波动性。

集群还有一个优点是船小好掉头。

浙江省湖州市织里镇是全国最大的童装产业集群，2008 年经济危机后，这里的生意反而更好。中国做童装的主要有两大基地，一个在广州，另一个就是织里镇。广州的厂家主要接国外的大单，有的厂家雇员多达上万人。但危机来了之后，它们的海外订单至少减少了 50%，如果雇用了 10 000 人就得走 5 000 人。广州被裁掉的工人大部分都到了织里镇，这样一来，工人充足了，产量也就上去了。

为什么织里镇在经济危机中没有出现问题？因为这里主要针对的是国内市场。织里的产品特点是多样，对质量、尺寸要求不那么严格，很适合国内市场，尤其是农村市场。虽然世界经济有危机，但国内市场并不差，所以织里镇并没受到负面影响。另外，集群内部有很强的调节生产的能力。很多作坊只雇几个有长期合同的工人。订单多就聘请临时工，实行计件工资，或者将一些单子外包出去。

下面再分析一下集群的另外一个特点：共生性。

集群和大自然的生态类似，也有食物链。在食物链上，一个物种吃剩下的，可能对另一个物种来说就是养料。在集群里同样如此，比如在织里镇，有人专门收捡破烂，生意做得很好，他们收一些布头，然后卖给专门用布头做原料的生产厂家，比如做墩布和饰品的，把废料也卖个好价钱，童装厂本身也提高了效益。所以一旦市场变大，就能容纳下这种分工，从而变废为宝，把产业链拉长。

在孟加拉国农村调研时，我也注意到类似的效应。有个地区路两边到处都是烟囱，大概有 400 多个，来自碾米厂。但 1990 年这里还只有十几家碾米厂，为什么发展到这么多？经过调查才了解，这与废物利用效率提高有关。20 世纪 90 年代，政府在这里发展养殖业，带动了碾米业，原因很简单，原来碾完米余下的麸子几乎没什么用，卖不上什么价钱，但有了养鸡场之后，麸子就变成了很好的饲料，能卖给养殖场。这样一来，麸子变废为宝，获得了新的价值，因此碾米业的利润也随之提高。在人们发现碾米利润不错之后，更多人开始进入碾米业。这就是共生性，养殖业和碾米业互相依存，在一个地方形成养鸡业和碾米业两个共生的产业。

四川省资中县是个农业大县，主要种植玉米。最近，这里的养殖业蓬勃发展，为什么？我们调研发现，养牛需要玉米秸秆，如果两者结合起来，养牛成本就低，而玉米秸秆也能派上用场，相互共生。养殖业发展起来以后，另一个问题又凸显出来，养殖的废料污染环境，甚至影响地下水。为解决这个问题，政府出台了补贴政策，鼓励所有养殖户都建造沼气池，将养殖场所产生的粪便转化为沼气，一方面，可以解决家庭用气问题；另一方面，沼气液是非常好的化肥，可以很低的售价卖给附近的农民。于是，在养殖区周围一圈的很多农民开始种菜、种水果。

从上面的研究可以看出，集群有四大优点：第一是投资门槛低，第二是提高安全性，第三是灵活生产，第四就是具有共生性。

因为集群有这么多的优点，所以工业会自然地朝着越来越集聚的趋势发展。利用 1995 年工业普查和 2004 年经济普查的数据，我们计算过各地产业的集聚度，发现全国各地的集中度都在提高。中国的产业分工越来越细，越来越集群化，这是一个十分显著的特点，而且集聚度越高的地方，企业数目就越多。

浙江的经济发展属于典型的集群模式、典型的草根式发展模式，这和广东不同。广东在发展初期有来自香港、澳门和台湾的投资，浙江没有这些投资，也不像东北地区有那么多的国有企业，所以浙江的集群完全是自发的。在浙江，几乎每个镇都是一个集群，甚至每个村都是一个集群。

根据 2004 年的统计，浙江有 8% 的人是企业家。浙江拥有将近 400 万家中小企业，平均每个企业雇用 6.3 个工人，因此，仅浙江就创造了 2 400 多万个就业岗位，而浙江人口一共才 4 700 万，适龄工作人口也就 2 000 多万，这就意味着有 400 多万个就业岗位是提供给外来人口的。

同时，浙商富起来之后，又到其他地方投资。目前国内有 300 万名浙商，国外有 300 万名浙商，他们正在更大的范围内创造更多的就业岗位。很多浙商的资金都是从小企业积累出来的，他们的小企业又大多是集群创造出来的机会。

研究中国经济，我们发现民营（私人）企业的发展对中国经济的贡献功不可没。中国经济的增长可以总结为两个 70%：第一个是 70% 的增长源自民营部门的增长；民营部门的增长中，又有 70% 源自新增企业。两个 70% 合起来，意味着新增企业创造了中国近 50% 的 GDP 增长。

为什么会有这么多新增企业？为什么会有这么多新增企业家？我的看法是，这与企业的集群状况密不可分。

接下来，又要思考一个新问题：这是不是中国现在的特色？在国外讲课时，学生总是问我：是不是因为政府比较强势，有能力来引导这些产业才促使集群产生的？中国的集群是以个案的形式出现的，还是具有某种意义上的共性？

我一直在思考和寻找这些问题的答案。带着这些问题，我来到了景德镇。

景德镇是中国乃至世界上集群保留得最好的一个。从没有任何一个集群能像景德镇那样存在 1 500 年，而且模式和前文提及的模式几乎一样。在景德镇有不同级别的市场，包括大市场和村里的市场。在村里，有许多组织生产的商铺。从流程上来看，这些商铺先设计出一个产品，再从制泥厂买泥，接下来请人制坯、修坯，然后将坯送到窑厂烧制，在烧好的瓷器上可以再画上花纹，之后再二次烧制。

古代烧窑的成本十分高昂，必须要有规模经济的支持，因为烧窑时一次不放满的话就不划算，这也是人们“扎堆”的原因之一。另一个原因是烧窑对师傅的要求特别高，需要数十年的教学才能培养出来，这源于当时瓷窑靠柴火烧，火候调整需要很高的技术，只有通过精巧的烧窑技术，景德镇才能维持其高品质瓷器的生产。如今技术改进以后，烧窑采用了煤气烤炉，这也是所有工序里改进最大的一项。烤炉里面是石棉网，有温度计，很容易控制温度，大大提高了效率，使得生产成本大大降低。还有一个上色的问题，因为之前的工序上不了色彩，而画画又分成多道工序，如素描、描色、题字等工序都是由不同的人完成的，而且他们都是独立的技师。像绘画又分花鸟、山水、人物等不同的种类，每一种都有人专攻。

景德镇很多村都是家家制瓷，分担不同的工序，这种生产方式维持了 1 500 年。过去，我们总以为工业化是从英国开始的，但在我看来，工业化源于中国，是马可·波罗把中国的工业化传入了欧洲。研究景德镇历史，能够将中国工业史向前推进 1 000 多年。

同时，景德镇的案例也告诉我们，集群主要并不是源于政府的引导。因为在这 1 500 年的历史中，中国政府经历了很多变化。但这又引出另一个问题：集群在哪儿都有，早期的英国、后来的孟加拉国等都有不同产业、不同形式的集群，为什么中国的集群在改革开放以后发展得这么快，快到使得中国一下子变成了世界工厂，而埃塞俄比亚的集群虽然也已经存在好几百年，却没能很好地发展起来？

这恐怕又与中国的国情有关，与中国政府的激励机制有关。

中国在经济上有点儿像分权制，地方政府有很大的决策空间，尤其是改革开放以后，地方政府有很大的动力去发展地方经济，而经济做得好不好和地方官员的职位升迁有很大关系。同时，从个人经济利益考虑，做好地方经济对他们也有好处，比如官员在辖区买了一套房子，集群做得好，房子也能升值。

所以于公于私，政府官员都有很强的动力去发展经济。当集群遇到问题时，他们很积极地出面解决。前文讲过，集群发展过程中遇到市场摊位问题、物流问题、质检问题等，需要很多基础设施和公共服务，这些也是集群发展非常重要的外部条件。

反观埃塞俄比亚、印度等国家的产业集群，我们对这个问题的认识会更深刻。在那里，道路糟糕得一塌糊涂，电力供应极不稳定，恨不得一天能停几十次电，搞得每个企业都不得不自备发电机，这大大提高了运营成本。同时，地方政府对发展经济没有任何动力，因为做好地方经济与官员的个人利益没有太大关系。地方政府的主要任务是收税，然后再向上级政府索要转移支付。在某种程度上，埃塞俄比亚、印度等国家的计划经济色彩其实比中国浓很多。

还有一点特别值得强调，那就是经济学家通常对生产过程和生产方式不是特别了解，这些领域堪称“经济学家的黑箱”。经济学分析只考虑劳动、资本等投入，对中间过程很少去调查、去理解。我们通过认真的实地调查，通过对很多企业家的深入走访，发现生产的步骤其实可以分解得很细，然后各个步骤又可以组合起来。随着生产的发展，分工越来越细，这对于理解经济转型，尤其是发展中国家经济发展的工业化路线图有着非常重要的意义，否则将会陷入误区，误认为经济发展一定要有固定投资额很大的工业和很好的金融业。这显然不是经济发展的唯一出路。

令人庆幸的是，中国人民非常聪明、非常勤劳，在面临制度的种种不完备，甚至面临各种恶劣的环境时，总是想办法去克服困难、解决问题，而且找到了集群这个很有效的办法。集群不仅成功地帮助企业家降低了投资的门槛，也使更多的人像在大海中学游泳一样变成了企业家，企业家又带动了千千万万的就业，乃至中国整体经济的发展。

最后我想强调的是，集群模式在中国历史上有，现在有，在很多发展中国家，以及发达国家的初期都有。通过理解集群，不仅可以理解中国经济是怎么走过来的，而且更重要的是，对中国经济下一步的转型有很好的参考意义。

全球化时代的5个领导力要求①

陈春花（北京大学国家发展研究院金光管理学讲席教授、国家发展研究院BiMBA商学院院长）

跨文化领导力并不是我重点研究的领域，我更关注中国企业的成长。但在企业成长的过程中，国际化、全球化已经是不得不面对的现实选择，也就自然会触及跨文化领导力问题。

有人问我：企业是否一定要国际化？我的回答是：要国际化。只有一个理由：不管你做哪一个行业，企业规模多大，一个最根本的挑战就是中国市场已经是全球市场。因此，即便你不走出国门，你的同业仍可能是来自全世界的。从这个意义上来说，不管主动还是被动，全球化都已经是一个领导者不得不面对和思考的问题。

---

① 本文根据陈春花在北京大学国家发展研究院BiMBA商学院首届跨文化领导力论坛上的演讲整理而成。

大家知道我在新希望六和股份有限公司工作过，这是一家中国企业，但同时也是一家国际企业，因为这家公司已经进入 21 个国家。比较荣幸的是，在全球化进程中，这家公司真正取得了绩效。

我结合自己的研究和工作体会，对跨文化领导力做了如下 5 个方面的思考。

第一，情景领导力。所谓情景领导力，就是在不同的文化背景下，对领导和管理的要求不一样。领导者不能只具备单一文化情景下的领导力。

举个例子，在国外分公司调研时，有同事跟我说他很想回国，我就问为什么。他说他每天都被本地员工指责：你把老婆、孩子都扔在中国，跑到这里来赚钱到底为了什么，你的人生肯定是错的。因为在当地的文化逻辑里，人不能为了赚钱而离开家人，陪伴家人更重要。也有经理跟我说，有一天他发现一位员工迟到了，问这位员工为什么迟到。这位员工说，他在路上看到一朵花开，安静地看着花开，很美好，他认为人生有这样一刹那的美好比一切都重要，所以迟到了。他问这位员工对于迟到觉不觉得内疚，这位员工说没有，因为见证花开的美好更重要。

中国企业之所以到海外会产生很多意想不到的管理难题，很大的原因就是中国管理者总想带着自己的经验去管理，但事实是根本行不通，因为情景不同。因此，不断变换的情景是对领导者非常大的挑战。你的经验、管理体系等所有的东西都可能需要调整。如果再用原有的一套东西去做管理，出问题就是大概率事件。

再举个例子，越南分公司做了很多与本地员工相融合的努力，使得越南员工都说这是一家本地公司，中资企业受到冲击的一年反而是这家分公司业绩最好的一年。所以，情景领导力的第一条一定是融入，而不是区隔，区隔一定会出问题，一定要融进去才可以跟大家在一起。这就是情景下的管理模式，要做跨文化的管理，必须先懂得情景管理模式。

第二，跨文化沟通能力，这一点更重要。跨文化管理最大的特质是什么？跨文化沟通，因为管理的核心是要达成共识。我们在同一个文化背景下达成共识的方法论，与在不同文化背景下达成共识的方法论不一样，必须通过跨文化沟通来解决问题，用管理的方式无法解决共识问题。所以跨文化背景下的领导者不能用管理体系达成共识，而必须用沟通体系达成共识，两者完全不一样。我刚好在华南理工大学讲授过几年跨文化管理这门课，课程中一直强调，跨文化管理的核心不是管理，而是沟通。但沟通真的很难，第一个挑战是语言，第二个挑战是生活方式。中国企业走出国门为什么很难？吃饭这件事就难以解决。四川同事去越南，还要做川菜，和本地员工吃的都不一样，其实是很难和本地员工沟通的。有一次我在新加坡国立大学上课，来了一批山东学生，要请我吃煎饼。我说你带煎饼来不容易，我不能再帮你吃。他说老师放心，我带了两个星期的。在新加坡上课，吃两个星期煎饼，怎么理解新加坡？所以，跨文化沟通真的不容易做到，仅语言和生活方式这两件事就很难。这两点做不到，用管理方式当然也做不到，因为双方无法达成共识。在我看来，跨文化沟通能力是跨文化管理的核心，靠沟通达成共识，而不是靠管理达成共识。

第三，全球思维。新华网总裁田舒斌说，必须用真正的世界语言来讲中国故事，我很认同。中国有好故事，但这个好故事要想让全球人听，就必须用全球的概念和全球的语言去讲。我们很多时候总是喜欢用自己的语言、自己的思维方式去讲，反过来又认为别人对我们有误解。前些天戈壁挑战赛要举行了，为给北京大学国家发展研究院的戈 12 队友出征加油，在演讲中我就提出一个观点：你信仰的真理和现实的真理是有差距的，你不要把你信仰的真理当成别人的真理，非要让对方接受，这是不可以的。我们要认识到这个差距，要确认自己是具有全球化的思维，还是只有中国的思维，抑或是只有本人的思维，这中间有很大的不同。我本人虽然在语言上有弱项，但在思维上对自己的要求是全球的，否则难以真正理解这个世界的变化是什么。各位要做全球化的管理者、跨文化的领导者，就要迎接这个挑战。全球思维有两个要点：第一，整体一定要大于部分，同时，部分必须对整体有价值贡献；第二，你一定要融合，融合就包括对差异性的尊重和包容。不能尊重差异性，就不会有真正的融合。这些都需要我们去努力训练自己。

第四，本地化行动。仅有全球化的思维还不够，必须有本地化的行动。本地化行动涉及三个最主要的方面：本地资源、本地市场、本地人才。如果做不到这三点，实际上也做不到全球化。新希望六和把在不同国家分公司的本地员工送到中国来读书，为他们专门设置一个硕士课程，这样做一方面真正培养了本地人才，另一方面又帮助他们了解中国，双方沟通起来就有更多共同的语境。

第五，公司的企业文化是否具有普适性，即公司的企业文化是不是一个能在全球不同价值观体系下被接受的文化。比如 IBM（国际商用机器公司）的企业文化，能在全球几十个国家被接受。一家公司能不能形成这样的文化，其企业文化能不能放到全球不同价值体系中被理解和接受，这是非常关键的。访问华为瑞士公司时，我问当地负责人在一家中国公司里工作的感受，对方很惊讶地回答说：华为是一家全球公司，不是中国公司。本来我想调研外国人对中国公司的理解，结果在华为瑞士公司得到的是这样的答案。后来我和任正非先生沟通，问他华为怎么定位，他回答得很明确：华为就是一家全球化公司。所以，公司在制定企业文化时，一定要先从全球化的背景来审视一下，可以融合的文化才能自信，文化自信是特别重要的。如果一家公司的企业文化不被接受，它就无法引领价值观，也就无法引导和约束行为，这对中国企业来说是非常巨大的挑战。

成为价值型企业[1]

陈春花

过去30年中国企业撬动世界的4个杠杆

我从2008年开始讨论价值型企业的话题，最初做这个研究是因为我们要思考经历30年非常高速的成长之后，中国企业的下一个机会在哪里。

过去30年，中国企业做到了一件事情：在世界市场立足。2016年，中国成为推动世界经济增长的最强引擎，这是不争的事实。这个事实背后是过去30年，中国诞生了一群新人，即德鲁克所定义的“企业家”。德鲁克当初分析美国为什么可以有一个很长

① 本文根据陈春花在《商学院》杂志“无价值、不商业”论坛上的演讲整理而成，经陈春花确认。首刊于人民日报中央厨房。

的经济周期，与经济学家预测的经济周期都不一样，最核心的原因就是美国出现了企业家群体。

这 30 年中国可以撬动世界，就是因为改革开放使中国出现了企业家群体，大家做对了 4 件事：

第一，通过学习获得了机遇。中国企业家群体的学习力非常强。

第二，中国企业在全球竞争中拥有了成本能力，在市场上有了机会。

第三，通过创新换取了全世界的认同。

第四，用速度换资本。这 30 年最重要的是我们速度快，用 30 年走完了别人可能要 100 年才能走完的路。有一次全球最大的农牧企业负责人与我交流，他问我为什么中国企业 30 年就可以和他们 120 年的企业在全世界并驾齐驱。我就告诉他，我们不是用 30 年，我们其实也用了 100 年 ，因为我们所有人每天的工作时间超过 16 小时。我们内心一定要非常清楚，速度源于我们的努力和付出。

这 4 件事让我们在过去 30 年撬动了世界，但不足以支撑我们再撬动未来。未来中国企业需要成长为价值型企业。

价值型企业应该长什么样子？我为什么会提出价值型企业模型？因为我认为企业的持续发展一定要基于两个最主要的驱动力量。一是要顺应环境。就像对今天你要不要做互联网、要不要拥有智能技术等问题，已经不需要犹豫，因为这已经是一个基本趋势。

二是你要有足够的内在驱动力，也就是你的企业要有自己的追求。

价值型企业模型：战略、执行、文化

价值型企业模型的核心是企业整体运行所必需的3个最主要部分：战略、执行、文化。

1. 战略上的4个要素

价值型企业的战略，就是你需要认真讨论的底层逻辑，你的基本假设到底是什么。价值型企业要具备如下4个要素：

第一，价值观，这是企业之间既抽象又具体的核心差距所在。我坚持认为，企业之间的差距不在于技术，不在于资金，不在于市场，而在于价值观，在于精神追求。

第二，对未来整体的洞察力，我称之为战略洞察力。

第三，计划控制力，就是能不能真正让你的目标不偏离你的资源。

第四，你的组织和创新能力能不能与时俱进地与环境互动。

具备这4个要素的企业，我称之为价值型企业。

价值型企业做战略判断最重要的就是看这个战略能不能支撑企业走得更远，所以其关键是企业要具有战略思维而不是管理理念，战略思维的核心是选择不做什么。一个可以持久的企业战略，需要拥有3个内涵：价值驱动增长、突破边界、回到终端。

2. 执行上的 3 个集中

价值型企业在战略执行上要做到 3 个集中才能实现价值，分别是集中市场占有率、集中资源、集中管理效能。

集中市场占有率强调两点。第一，你一定要有区域的市场，先在本土领先，然后才是全球化和国际化。连中国市场都做不好，很难在全世界做好，很多外贸企业难以为继，问题就出在这个地方。第二，真正理解领先的内涵。领先不是规模大，规模大不是领先的要素。规模与顾客没关系。年营收 1 000 亿元的公司，未必能得到一个顾客的欢心。顾客永远只关心你给他的产品有什么价值。真正让你领先的是什么？是你能够聚焦顾客，让顾客喜欢你。德鲁克说企业只有一个定义，就是创造顾客。

集中资源是希望大家融合一些新要素。在新的要素中，第一个是创新，你一定要聚焦创新，一定要开拓、集中和聚焦创新的资源。第二个是资本，你一定要跟资本组合。以前也许不太需要资本，但今后资本是非常重要的商业驱动力量。第三个是品牌，没有品牌的力量，你没有办法跟顾客做连接。今天的市场有两个变化：一是顾客不再那么充足，二是顾客的能力大大提高。第四个是公众沟通。在今天的互联网时代，大家要懂两件事情：一是事实是可以被“制造”出来的，二是形象是可以被评价出来的。如果你没有能力去做公众沟通，就等于你在新的资源要素中缺少一个重要资源。

集中管理效能是因为你的管理要整体重新塑造。这是我特别建议大家重新回到学校读书的原因。为什么要重塑管理？原因在于我们管理的概念应被重新定义，就像谷歌的书《重新定义公司》《重新定义团队》中所说的。你的所有东西都应被重新定义，原因就是你的逻辑会变。当底层的逻辑要变时，管理的整个定义都要变。

管理的定义怎么变？首先改变的是你的管理内涵，过去讲管理，强调的是计划、组织、领导、控制，今后要转变为知识管理和变革管理。管理变革和管理知识是在管理内涵改变过程中最重要的两个改变。第三个改变是我们一定要认真地去重建领导力。新的领导力需要我们学会做三件事：授权、激励、培训。第四个改变要解决的是组织变革。我这么多年来努力做的研究，包括我写《激活个体》《激活组织》都是因为我们要解决一个问题——能不能广泛地建立合作关系，能不能与陌生人建立信任关系，这是非常关键的。

3. 文化上的“和”

价值型企业有了战略上的 4 个要素与执行上的 3 个集中，最后还需要一个文化支撑。如果没有这个文化支撑，就没有办法去完成整体的改变。

在文化支撑层面，我们要关注两件事情。一是你是不是真的理解全球化。你是不是真的具有全球思维，比如系统性、创造性、打破边界和价值追求，而不是简单地讲规模、逻辑、成本和质量。第二是理念和习惯上一定要从竞争转向融合。你不能还是总去想你的对手是谁，而是要多想你的伙伴是谁。

最后把查尔斯·汉迪的一句话分享给大家：“假如因为我们拥有了辉煌过去，而错失了未来，那才是真正令人可悲的事情。”

从组织结构和信息成本的角度谈国有企业改革的几点逻辑[①]

李力行 （北京大学国家发展研究院副教授）

第一点：国有企业是一类企业，也是一种组织

1937年科斯发表的著名文章《企业的性质》指出，在一个企业、一个组织内部进行经济活动与由市场分工来完成经济活动，是相对的两种形式。采用哪种形式，取决于企业内部组织成本和市场上交易费用的相对比较。在市场上，通过分工、交易进行生产，会产生交易费用；在企业内部生产，可以节约这些交易费用，但是企业自身运行会产生组织成本。当企业逐渐扩

① 本文根据2017年3月李力行在“朗润·格政论坛”第80期活动“两会解读报告会”上的演讲整理而成。李力行及其合作者研究国有企业改革的论文已被《美国经济评论》（*American Economic Review*）接受。

大，进行纵向一体化扩展之后，组织成本上升很快，超过了市场上的交易费用，那么企业就不能再扩大了，企业的边界也就确定了。

苏联式的计划经济体系，也就是所谓的“国家—超级公司”，是一个巨大的组织。这个超级公司内部的组织成本太高，所以苏联式的全盘计划经济体系走不通，必须从组织移交给市场。中国的国有企业，走到 20 世纪 90 年代中期，组织成本也非常高，出现的各种问题，包括所有权缺位、内部人控制、公司治理差等，也可以说明组织成本攀升到了一定的程度，因此不得不进行改革。20 世纪 90 年代中后期大规模的国有企业改制，把大量原本由国有企业进行的经济活动和生产，转向市场、转向由民营企业生产，就是为了降低这些组织成本。这就是产权改革的逻辑。

当然，在现实中，关于国有企业如何改革，政府不会仅仅考虑效率，还会考虑其他因素。毕竟，政府有自己的战略目标，需要控制国民经济命脉，或者说要控制所谓的战略性行业的制高点。制高点这个词，是列宁在 1922 年 11 月共产国际第四次代表大会上提出的。他认为，在政府能力有限的情况下，不可能把控所有的经济活动，那么就要选择其中比较重要的，要“占领经济领域战略制高点”。这个观点提出之后，各国群起效仿，很多资本主义国家在历史上都试图通过控制经济命脉来实现战略目标，如英国艾德礼政府、法国戴高乐政府等。战略性行业在不同时期有不同的范畴，通常包括石化、钢铁、核工业、兵器工业、民航，甚至航运、电信、煤炭、市政设施等。

所以我想说的第一点逻辑，就是当国有经济的组织成本太高的时候，就会从国有转为交给市场，这就是党的十八届三中全会上说的“让市场在资源配置中起决定性作用”的体现。具体实现方式可以是国有企业通过多种方式改制为民营企业，也可以是民营企业参股国有企业，来改善公司治理、降低国有企业的组织成本。但是在现实中，出于控制国民经济命脉，也就是“控制制高点”的考虑，计划经济、国有经济在战略性行业中仍然占有很大的比例，没有进行产权改革。

在近期国有企业改革的文件中，产权改革的逻辑体现在2015年8月发布的《中共中央、国务院关于深化国有企业改革的指导意见》中，根据国有资本的战略定位和发展目标，把国有企业划分为不同类别，分类改革、分类监管、分类考核。以前，有的主张按照企业市场化程度的不同，将国有企业划分为垄断类和竞争类；有的主张按照国有资本职能的不同，将国有企业划分为收益性和公益性；有的主张按照企业产品服务的不同，将国有企业划分为一般竞争类、特定功能类、公共服务类。而2015年8月的这个文件，就把国有企业划分为商业类和公益类，在商业类国有企业中又分出处于充分竞争行业和领域与处于关系国家安全、国民经济命脉这两种。处于充分竞争行业和领域的，要实行公司制、股份制改革，积极引入其他国有资本或各类非国有资本，实现股权多元化，国有资本可以控股，可以参股，也就是遵循产权改革这一逻辑。而处于关系国家安全、国民经济命脉的重要行业，虽然允许非国有资本参股，允许竞争，但要保持国有资本的控股地位。公益类国有企业则主要采取国有独资形式。后面这两类企业，出于战略考虑，没有遵循产权改革的逻辑。

2017 年的《政府工作报告》进一步提出，深化混合所有制改革，在电力、石油、天然气、铁路、民航、电信、军工等领域迈出实质性步伐，这七大行业中有一些在传统上被认为是战略性行业，是制高点行业，是要由国家绝对控制的。而《政府工作报告》强调在这些行业也要进行实质性的深化混合所有制改革，说明原来被认为是战略性行业的，未必有那么强的战略性，保持绝对国有，可能会带来比较大的效率损失，所以还是要进行产权改革。《政府工作报告》提出，凡法律法规未明确禁入的行业和领域，都要允许各类市场主体平等进入；凡向外资开放的行业和领域，都要向民间资本开放；凡影响市场公平竞争的不合理行为，都要坚决制止。这体现了产权改革的逻辑，是非常值得肯定的。

第二点：对那些不交给市场、继续由政府控制的经济活动，也就是继续保持国有产权的企业而言，要尽量降低其组织成本，降低政府和国有企业之间的信息不对称，减少委托一代理问题造成的低效

关于政府如何管理经济活动，比较经典的思想是哈耶克的分权思想。他认为经济活动常常是自组织的，会形成自发秩序，分散的经济行为主体掌握了很多独特的信息，也就是所谓的“地方信息”（local information）。因为距离远、沟通不方便，中央很难获取和处理这些信息。哈耶克在 1945 年的经典文章《知识在社会中的运用》中指出，要充分利用这些“地方信息”，就要分权，也就是让掌握地方信息的基层来做决策。

对国有企业而言，如果说彻底的分权是把国有企业彻底剥离、移交给市场，那么部分的分权至少是在政府内部往下分权，分权给地方政府，也就是说要尽量属地管理。这方面的改革经验就是国有企业的下放。20 世纪末，在“抓大放小”的思路下，中国进行了大规模的国有企业改制，同时国有企业的下放也很普遍。比如把中央企业下放给省国资委，让这些企业成为省属企业。举例来说，中央要管理北京的中央企业，可能还相对容易；而要管理外地的国有企业，在信息的获取、沟通及监管方面都存在困难。对上海、广东的国有企业而言，中央在管理过程中，信息成本越来越高。如果把这些外地的、离北京远的地方的中央企业下放成为省属企业，实行属地管理，省国资委更容易了解企业信息，就能更好地进行监管。同样，省国资委管理省属国有企业的时候，也有信息问题、距离问题，也就存在进一步把省属企业下放给各市、各县，进行属地管理的做法。

在 20 世纪 90 年代后期，中国进行政府机构改革，撤销了很多工业部委，如煤炭部、冶金工业部、化工部、机械工业部等，这些部委下辖的企业也就被下放给了地方。在 2004 年成立国资委之后，所辖的中央企业经过多次下放，逐渐减少，最后留下了 100 多家。国有企业的下放，是对地方的分权，体现了从"条条管理"转变成"块块管理"的特点，大大降低了信息成本，激发了地方的积极性。

但在这方面，一直以来都存在分权不彻底的问题，包括国务院国资委和地方国资委的关系问题。一方面，要尊重下级国资委的出资人权利，地方国资委首先是向地方政府负责，地方要负起监管地方国有企业的责任，毕竟地方信息掌握在基层手里；另一方面，国务院国资委又要加强国资系统的"垂直指导监督"，这就往往会代替或者干预下级国资委履行出资人职责，就容易把地方国有经济的"块块"重新变成"条条"，以及不能根据企业所在的具体环境采取对策，管理上僵化，管得太死。

所以我想说的第二点逻辑，就是在政府继续保持对国有企业的控制，保持国有股权的情况下，也要分权给地方政府，注意利用地方信息、发挥属地管理的作用。国务院国资委应该集中于中央企业的监管。

第三点：在给定一级国资委管一级企业的前提下，在具体管理上，要少干预企业的具体经营决策

当前的国资监管还是剥夺了企业的很多权利，在某种程度上将国有企业变成了国资委的下属单位。以 2017 年最新颁布的《中央企业投资监督管理办法》为例，中央企业需要每年送审年度投资计划；在做出投资决策后不能马上实施，需要国资委审核；投资项目中途变更的，还必须上报国资委。在这种监管体系下，国资委实际上变成了一个超级董事会，成了中央企业的大脑。然而，国资委作为行政管理部门，对企业经营过程中复杂多变的信息的掌控能力肯定不如企业经理人，后者能够迅速处理复杂多变的信息，自主权应该得到保证。在国有企业的监管上，如果监管太细、分别制定各种详细的考核目标，本质上就类似一种精细的计划，就容易重蹈计划经济的覆辙。

这里值得注意的一点是，信息技术的发展，大数据、云计算的出现，使得信息沟通越来越容易，这些技术进步能否让精细的计划管理、监管成为可能？小数据通常具有结构化的特征，在使用中比较透明、容易处理，而大数据作为经济活动的衍生信息，包含了不少冗余信息，会让夸大或瞒报的现象隐藏得更深，这对

于分析和处理的要求肯定更高。所以我觉得，在某种程度上，大数据的出现反而增大了信息处理的难度。

在 20 世纪三四十年代，曾经出现过一次著名的“计划经济大论战”，一方是奥地利学派，另一方是奥斯卡·兰格。兰格相信，借助于更好的计算机，政府中的计划者是可以同时确定现代工业化社会中数百万种产品的需求状况和生产制造能力的，因此可以精确地计算出数百万种商品和劳务的价格，替代“看不见的手”的市场机制。在当时的论战中，兰格也是因为信息技术的发展，对中央计划经济充满了信心，认为计算机可以让计划无孔不入，实现资源配置的效果。我想，20 世纪计算机第一次出现带来的震撼，肯定不亚于今天大数据、云计算所带来的震撼。但不变的一点是，我们必须认识到信息的难题不可能靠技术解决。说到底，信息采集得再多，最终也需要人来理解，需要人来决策。管理中的委托—代理问题、信息不对称问题，本质上是人的激励问题，而人的激励问题本质上是机制设计问题，而不是技术问题。所以，信息技术的发展并不能缓解国有企业监管中的信息成本问题。

所以我想说的第三点逻辑，就是从信息的角度讲，各级国资委管理国有企业，应该给企业更多的自主权，发挥企业的信息优势。国资监管应该弱化过程监管，着重于业绩考核，就像高校的学术委员会一样，对教授如何做研究不做指导（当然也无法指导），而是根据研究成果对教授进行考核。

第四点：国有企业内部的管理问题

国有企业在前几年国进民退的浪潮中大幅扩张，收购了很多民营企业，以控股股份公司的方式形成了大量的企业集团。登记注册类型为股份公司的企业，相当大的一部分其实是国有企业。当前，很多国有企业都有5个层级，即母公司、子公司、孙公司、曾孙公司、玄孙公司，很多中央企业下辖的法人企业数量都有上千家。这么复杂的架构，一方面强化了行政性，比如子公司是厅级，孙公司是处级，每一个公司、每一个岗位都有对应的行政级别，这就强化了行政层级在企业中的角色。另一方面，信息在大型企业集团中的传播大打折扣，增加了管理难度，降低了管理效率。有研究发现，通常来说，低层级的企业效率更高，但是资产的增速更慢，这说明低层级的企业可能更灵活，但是其积累的资源、利润也被高层级的母公司拿走了。在国有企业集团中，用行政级别来配置资源，容易形成扭曲。

所以我说的第四点逻辑，就是从组织架构、信息的角度出发，在国有企业内部应该缩减法人企业的数量、压缩管理层级。这一点在2016年《国务院办公厅关于推动中央企业结构调整与重组的指导意见》中有体现。2017年两会期间的记者会上，国资委负责人也提到，经过改革，中央企业减去了2 730个法人，使管理层级缩小，管理穿透能力增强，这是值得肯定的。

另外，在国有企业的重组方面，行政化色彩比较浓，尤其是跨省的远距离兼并，使得决策权集中，但那些分散在各地的公司，在兼并之后常常难以协调，并出现信息沟通的困难，同时兼并往往还强化了垄断。从信息和组织的角度来看，国有企业兼并不应该强制推行，不应该为了兼并而兼并。兼并当然可以更好地统筹协调产能布局，减少重复建设和重复投资，但可能强化官僚化的组织架构，在形成巨无霸企业的同时，也因为信息问题效率低下。在 2017 年两会期间的记者会上，国资委负责人提到“兼并重组后的融合很重要，重组不仅要资本合、资源合、组织合，更要做到理念合、战略合、管理合，在物理变化的基础上加快化学反应”。这句话强调了理顺和融合组织架构的重要性。

简单地总结一下。从组织结构、信息的角度看，国有企业改革应该用分权的思路，减少行政干预，更充分地利用市场配置资源的优势，更充分地利用地方信息，更充分地利用企业掌握的分离的信息，从而提高效率。

抓住僵尸企业处置这个牛鼻子[①]

黄益平（北京大学国家发展研究院金光经济学讲席教授、副院长，数字金融研究中心主任，央行货币政策委员会委员）

过去几年一直在思考和研究僵尸企业问题。2016年年底召开的中央经济工作会议特别提出，“要把防控金融风险放到更加重要的位置，下决心处置一批风险点，着力防控资产泡沫，提高和改进监管能力，确保不发生系统性金融风险”。有效处置僵尸企业，是控制系统性金融风险的一个重要条件。

中国出现系统性金融风险上升的可能

近年来系统性金融风险大幅上升的原因可能有二。一是伴随

① 本文源自黄益平于2017·金融四十人年会暨专题研讨会上的发言实录，首刊于中国金融四十人论坛网站。

经济增长持续减速，企业资产负债表明显恶化、利润率下降，企业出现财务困难的现象经常发生；二是结构转型，当前中国经济增长减速，并非简单的周期性或者趋势性变化，而是旧的产业已经失去了竞争力，新的产业需要培养和发展。在这个新旧产业更替的过程中，旧的企业要退出，不良资产会增加，金融风险会上升。

总结过去 30 多年金融改革的历程，我们发现在量的方面做得比较好、质的改变相对滞后。金融机构的数量和资产规模已经大幅增长，与此同时，市场机制在其中发挥的作用却相对有限，金融抑制程度相对较高。

很多专家学者批评中国的货币发行量过大，M2/GDP（广义货币 / 国内生产总值）达到 200% 以上，这个数字在国际上属绝对高位。这个比例高，可能是因为我国的金融体系由银行主导。还有一个原因，就是经济形势好的时候要加大货币供应，经济形势不好时同样需要通过加大货币供应量来稳经济、稳金融。一方面流动性非常大，另一方面没有足够的投资渠道，所以很容易出问题。一年多前 M1（狭义货币）和 M2 的增速发生交错，银行存款出现了短期化。从一定意义上来说，这也许是好事，有利于我们发展资本市场，提高直接融资的比重。但短期内大量的资本投向个别市场，金融风险也可能随之上升。

中国是迄今为止世界上唯一一个没有爆发严重金融危机的主要新兴市场大国。这主要是基于两个方面的原因：第一，持续的高增长；第二，政府兜底。20 世纪 90 年代末，银行体系出现很大的问题，不良贷款比例高达 30%—40%，但银行并没有爆发危机。一方面，政府对银行给予支持，所以没有出现挤兑；另一方面，为了剥离不良资产而注资的数目很大，但是长期来看问题并不大。

但这样的情形可能难以持续，第一，经济增长速度已然降低；第二，政府不可能一直兜底。2016 年国际清算银行提出一个风险铁三角的概念，一是杠杆率直线上升，二是生产率下降，三是政府的政策空间收缩。我觉得以这三个变化来描述我国的宏观经济格局也是十分恰当的。这也许是政府现在提出防范系统性金融风险的一个重要原因。

处置僵尸企业刻不容缓

防范金融风险，需要从两方面入手，一是强化市场纪律，二是改善金融监管。我们过去的做法实际是牺牲长期稳定，追求短期稳定，显然是不可持续的。如果要改变，僵尸企业处置就可能成为一个绕不开的问题。

根据我们对上市公司和统计局数据的研究，1998 年后僵尸企业占工业企业的比例一直在下降，但 2008 年以后又开始回升。我们的研究还发现，僵尸企业具有一些共同的特征，集中在重工业、重资产的行业，大多是历史悠久、规模较大的国有企业，且分布在金融抑制比较严重、政府对经济干预较多的地区。

僵尸企业已经成为当前我国许多经济、金融问题的风险源头之一。比如，当前只有产业升级换代、发展新产业，才有可能支撑下一轮经济增长，从一定意义上来说，这就是一个典型的中等收入陷阱的问题。从全国看，新旧产业转换迟缓，创新、创业不活跃的地区，往往是过剩产能多、僵尸企业集中的地方。旧的不去，新的难生。

2016 年的去杠杆政策进展有限。去杠杆的国际经验告诉我们有两条路可以走：一条路是危机爆发后被迫去杠杆，企业破产倒闭；另一条路则是局部爆破，对难以为继的企业进行清盘破产。在中国，短期内追求把总体杠杆率降下来存在难度，但局部爆破是有可能的。从国家统计局规模以上企业数据来看，僵尸企业的平均资产负债率是 72%，正常企业的平均资产负债率是 51%，如果能够出清一部分僵尸企业，完全有可能降低企业平均资产负债率。不幸的是，过去几年不但企业杠杆率持续上升，还出现了分化——国有企业杠杆率上升、民营企业杠杆率下降。

这个问题跟我们一直抱怨的金融不支持实体经济的矛盾也有关系。金融支持实体经济的力度不够，其中有金融的问题，比如投机、泡沫、空转太多。但不可否认的是，僵尸企业在实体经济中的占比在升高，金融资源的利用效率自然就会下降。如果看边际资本产出率，即每生产一单位 GDP 需要投入的资本量，2007 年是 3.5，2015 年则变成 5.9。也就是说，即使投入同样的资本到经济中，产出效率也在不断下降。

这样看来，僵尸企业确实已经变成很多经济与金融困难的根源。如果僵尸企业不能及时出清，“充分发挥市场机制在资源配置中的决定性作用”的指导方针很可能会成为一句空话。

僵尸企业出清不容易，有很多原因，最难的是两点，即人往哪里去、钱从什么地方来。和 20 世纪 90 年代相比，今天的僵尸企业表现出一些显著的特点，企业规模较大，还是重资产。虽然从全国来看，僵尸企业在经济中的比重远远没有 20 世纪 90 年代时那么高，但它们在地方经济中举足轻重。因此，目前出清僵尸企业的难度较大。

如何处置僵尸企业

如何在僵尸企业处置方面取得突破性的进展？我提三条建议：

首先，有相当一部分僵尸企业在产品、技术、管理、市场等一个或多个方面仍然具有较大潜力或者较强的竞争力，目前只是暂时碰到临时的经营困难。对于这样的企业，可以想一些办法，比如通过管理层持股、兼并收购、混合所有制和债转股等，让企业重新焕发活力，渡过短期的难关，回归可持续增长。但这些政策要有效果，必须遵从市场化的原则。比如债转股，只有那些短期经营遭遇困难，但未来有好的投资回报的企业，投资者才愿意参与进来。如果只是把债转股当作一种帮助企业脱困的行政措施，投资者就不会有参与的意愿，即便做成了，也很难有好的结果。

其次，对于持续亏损、不符合经济结构调整方向的僵尸企业，应该予以破产清盘。对这些企业，简单地让好企业兼并收购的效果不一定好，尤其是用行政力量搞“拉郎配”。但因为大多数僵尸企业在地方经济中举足轻重，所以，如果破产清盘，就可能对地方的资产质量、经济增长和就业市场造成重大影响。这样，地方政府可能既没有意愿也没有能力去关闭这些企业。我建议中央政府要出手，可以考虑建立一个“僵尸企业处置基金”，帮助地方政府解决这些企业的问题，原则还是“救人不救企业”，让失去工作的劳动者得到安置，有生活保障。至于是否需要中央的基金帮助化解或者冲销部分债务，可以具体情况具体分析。

最后，对于一些僵尸企业集中的“铁锈”地区，地方政府应该积极作为，改造经济。举个简单的例子，20 世纪八九十年代，美国有两个“铁锈”城市，一个是底特律，另一个是匹兹堡——底特律生产汽车，匹兹堡生产钢铁——污染严重、产能过剩，经济没有活力。但是今天两个城市完全不一样了，底特律还是底特律，但匹兹堡已经不再是匹兹堡。主要原因是 20 世纪 90 年代，匹兹堡市政府推动产业更新，一个街区一个街区地改造。今天，匹兹堡已经成为高科技、医疗、高等教育等高端服务的中心，是美国最宜居城市之一。美国政府可以做到，相信中国政府更有能力做到，前提是采用市场化方式操作。

第二章

中国创新有哪些路可走

中国创新的两条路[①]

姚洋　（北京大学博雅特聘教授、国家发展研究院院长，教育部长江学者特聘教授）

在我的理解中，创新有两种，一种是从 0 到 1，另一种是 1 到 *N*。有不少企业家很困惑，我们中国的转型升级创新要怎么走，我的观点很明确，中国两条路都要走，但并不是每一个企业都要走两条路。

从 0 到 1，更多的是美国式的创新，这种创新模式与美国的特质有关。

首先，美国是一个非常发达的国家，而且是一个纯粹的移民国家，一个民族创业、移民设立宪法的国家。这种文化特点决定

---

① 本文根据姚洋在北京大学国家发展研究院 2016 年度中国经济观察报告会暨苏州市企业转型创新之道论坛上的演讲整理而成。

了美国的创新路径是从 0 到 1，决定了美国喜欢的创新就是原创性很强的，一个新技术出来能生成一个新行业，新行业基本上能把老的行业打垮。当然，也许有人会说，美国这种创新特征并不完全是这种文化影响的。但恐怕我们不得不承认，这种创新与美国的文化有关系。

其次，美国这种从 0 到 1 的创新还和美国的制度支撑有关系。美国的文化是民主制，选举按照国会的设计应该是先选出选举人，组成选举人团，选举人为候选人拉票。在一个州，候选人如果获得了选票就相当于得到了这个州的所有选票，这就是赢者通吃。在经济上也是这样，经济发展模式和国家的政治模式有一定的相似性。

在文化与制度的基础上，美国还有 3 个具体的优势使得这种从 0 到 1 的创新模式可行。

一是金融优势。中国的金融改革刚刚起步，离美国式的创新还有很长的路要走。美国是世界的金融中心，以纽约为中心，把全世界的金融都汇集到了美国。美国之所以能做到这些，是因为美国的金融高度集中。为什么每一次金融危机几乎都在美国发生或者跟美国高度相关，但所有的资金最后要找一个所谓的避风港还是要跑到美国去？原因非常明显。美元成为世界货币，在很大程度上是因为美国的金融足够雄厚，其雄厚程度超过了我们的想象。中国不少资金出于避险也同样会往美国跑，我们持有 1 万多亿美元的美国国债。美国金融无缝对接般的服务是其他国家短时间内很难做到的。

二是法制优势。创新需要法制，没有很好的法制环境，创新会增加不少难度。中国的创造发明并不少，北京大学、清华大学有很多专利，但并没有真正转化为生产力。我们的科研水平还是比较高的，如今已经获得过诺贝尔奖，再过 10—20 年会看到更多的中国科学家得奖。但是我们技术做得再好，没有到位的法律保护，研究出专利的教授和想把专利转化成生产力的企业家心里就都没有底。美国在推动专利立法方面对创新的保护非常关键。以前，美国但凡出自公立学校的，或者实验室属于联邦政府的，专利都不可以随便用。在新技术的产生催生市场化的需求以后，美国就推动了立法。立法到位以后，教授就愿意把技术拿出来，有些教授直接变成了企业家，大学和国家也从中受益。像斯坦福大学等美国很多大学的周边布满了创业公司，孕育出很多世界级企业。对中国而言，法制对于创新的发展已经非常关键，领导层也很重视、很着急，出了很多条例，但仅仅出条例是不够的，还需要推动立法。

三是移民优势。美国是一个移民国家，移民为美国提供了很多新机会。大家记住，美国几乎是发达国家中人口还在增长的唯一一个国家，其年增量可以达到 2% 左右。我们到美国的科技公司看看就知道，高科技公司员工以外国人为主。在微软总部，仅中国人就大概有 3 000 人。

以上 3 个具体的优势确定了美国能不断产生新的血液，让美国一直走在创新的前沿。当然，创新的成本是非常高昂的。当前美国经济的增长有两个地方贡献最明显，一个是硅谷，另一个是东海岸的医药城市。但这种从 0 到 1 的创新不滋养中间产业，一部分人非常富有，同时又因产业梯度的跳跃而使得一大批人失业、陷入贫穷，包括白人在内。

也许和我个人的认知有关系，在创新之路上，我本人更倾向于从 1 到 *N* 的创新。这是德国的创新模式，是一种跟随式的创新模式。德国的创新模式非常严谨求实，也似乎更理性，更值得中国去研究和学习。相比对美国的学习，我们对德国的学习差很多。

我们北京大学国家发展研究院的师生去德国默克公司参观过，因为该公司中国区的高管经常在我们那里参加培训。这是一个家族企业，有 300 多年的历史，也是一家上市公司。中国乃至全世界使用的液晶，大概有 70% 都是默克公司提供的。20 世纪 70 年代，日本人做过一个玩具，用了液晶，默克发现以后就对液晶展开研究，然后一直沿着液晶技术不断创新，做到极致，占领了世界 75% 的市场，中国、韩国等很多国家的计算机屏幕和电视机屏幕都是液晶的，背后的提供者都是默克公司。沿着这个技术再往下一步一个脚印走，从液晶转入 OLED（有机发光二极管）。当今的 LED（发光二极管）灯已经非常节能，未来 OLED 灯或屏会更大更薄，像纸一样薄，更神奇的是，可以做出各种各样的形状。

德国这种从 1 到 N 的创新模式，产业的梯度比较完整，整个社会也会由此形成一批稳定的中产阶层。默克公司有自己的学校，每年招收 200 多个学生，经过文化课与技术课的学习，三年毕业就成为默克公司的工人。中国很少有企业办自己的技校，职业学校也不多，而且培养的技能过于通用，缺少真正专业的技术人才，这是我们要学习和加强的。中国工业面临升级，首先需要人才的升级，但制造业的高端人才状况堪忧。

德国这种跟随型的创新对整体经济发展来说也很好，从经济增长上，德国长期的表现看起来平均每年经济增长率比美国低 0.4—0.5 个百分点，略微有一点差距，但换来了社会稳定，德国直到今天仍有 25% 的劳动力在制造业，这是美国非常羡慕的。2008 年这一轮金融危机，德国几乎没有受到影响，反而越来越强大，而美国明显受到严重冲击，造成了很大的问题。

李克强在 2016 年的《政府工作报告》里明确提出“工匠精神”，我觉得这是一个非常到位的提法。工匠精神的核心是什么？就是企业要提高产品的质量，就是企业要为消费者提供更好的产品。中国经济发展到今天，大众的消费能力已经大幅提升，但需要购买好产品的时候，只能出国去买。很多国家的产品确实做得好，价格也低。大众消费者是理性的，中国企业不要埋怨消费者，而要把工匠精神找回来，适应消费者，甚至引领消费者，只有这样，我们的企业才能像默克公司一样基业长青，中国大地上才能出现很多拥有300年、500年历史的企业。因此，工匠精神的提出，对中国今后的发展有非常深远的意义。

面对从0到1和从1到N的两条路，中国该走哪一条呢？我的看法是中国可以同时容纳两条路。

我们不能完全走美国的路，不能完全推崇从0到1。中国的人口数量远远大于美国，没有中间产业的梯度安排，就业和贫富差距带来的不稳定是巨大的压力，而且中国当前的金融与法律等制度安排也没有到位，走也走不通。

中国也不能纯粹走德国的路，不能只做从1到N。德国虽然是企业挺多，经济规模是世界第三大，但和中国相比还是小。经过几十年的发展，中国已经涌现出一批像腾讯、华为、阿里巴巴的世界级企业，它们或者本身就不是制造业企业，或者已经作为互联网行业等新兴行业走到世界最前沿，再往前的路，谁都没有走过。马云、马化腾、任正非已经进入前路漫漫、孤独探索的新阶段，只能选择从0到1的创新模式。

中国今后会有越来越多的企业面临无人区问题，只能走向从0到1的路。但大多数企业不要因此被误导，世界上绝大多数企业永远都达不到世界最前沿，能在从1到N的路上有所成就，甚至不断有所创新就已经很不错了。

因此，对于中国而言，美国还是值得我们学习的，是我们要赶超的目标，但德国在创新方面也要成为我们认真学习的榜样。德国有很多的独角兽企业，有很多隐形冠军企业，有很多百年老店，几百年就只关注一两个东西，把它们做到极致。我们今天这个时代非常缺少这种工匠精神。不要一看到新能源汽车就一拥而上，德国依然有很多小企业坚持做内燃机车，在想办法提高内燃机的效率。他们研发的超级发动机，每百公里能源消耗已经几乎跟电动汽车达到相同水平。很多传统产业不是没有潜力，是我们求胜求快心切，失去了工匠精神，失去了挖掘的耐心和能力。

中国正处在转型升级的关键阶段，大家既要跟着创新的浪潮走，也不要被这个浪潮吓得不知所措。在你已经拥有优势的领域做到极致，你就是这个领域里的第一人。我们要把工匠精神找回来，不仅要成就量的第一，还要成就更多质的第一。

创新需要什么样的金融体制[①]

张维迎

创新需要什么样的金融体制？首先我要重申一下 30 多年来我一直坚持的一个基本命题：企业家精神是经济增长的源泉。一部经济增长史就是企业家的创业史、创新史，发达国家如此，中国过去 30 多年也如此。所以，理解经济增长的关键是理解企业家精神如何发挥作用，离开企业家精神谈经济增长，无论你是用新古典经济增长模型还是凯恩斯主义经济学，都不得要领，都会误导政府的经济政策。

① 本文根据张维迎 2016 年 12 月 18 日在北京大学国家发展研究院“国家发展论坛”上的主题演讲整理而成，经张维迎审阅修订。

企业家精神如何推动经济增长

企业家精神如何推动经济增长？我将之概括为两个方面。第一个方面是通过套利改善资源配置，第二个方面是通过创新推动技术进步。所谓套利，就是发现市场中资源配置的错误，发现不均衡，然后通过改变资源配置来赢利，最后推动经济增长。所谓创新，就是引入新产品、新技术，甚至创造出新的资源，改变生产组织形态等。

传统的经济学主要聚焦于资源配置的角度，这是非常局限的。市场的真正功能或者说主要功能不是配置资源，而是推动技术进步。如果仅仅是资源配置，任何经济都不可能持续增长，因为无论现在的资源配置多么不合理，在配置合理之后就没有了改进的空间，经济增长就停滞了。只有不断推动技术进步，才能有经济的持续增长。

我把企业家分为两类：第一类是套利型企业家，第二类是创新型企业家。举例来说，硅谷的企业家基本都是创新型企业家，而华尔街的企业家基本都是套利型企业家。比尔·盖茨、史蒂夫·乔布斯是创新型企业家，索罗斯、巴菲特则是套利型企业家。古代的商人就是套利型企业家，创新型企业家是从工业革命开始出现的。

我们可以用一个简单的经济学模型解释企业家如何推动经济增长。给定资源、给定技术，任何一个国家在任何时候能生产的最大的产品组合是有限的，经济学家叫它“生产可行性边界”。如果横坐标代表 X 产品，纵坐标代表 Y 产品（我们可以把 X 理解为玉米，把 Y 理解为大豆），X_1Y_1 是现有资源和技术下的生产可行性边界。生产可行性边界与消费者偏好决定的边际替代率相切的点就是资源配置的均衡点（如 C 点），在均衡点，销售收入等于成本之和，没有企业家利润，没有套利空间。但是由于人类的无知，或者由于激励机制的扭曲，实体经济处于生产可行性边界以内（如 A 点），也就是说我们没有能够有效使用的资源；或者尽管生产达到了最大可能的边界上，但由于大豆生产太多，玉米生产太少，所以这时候仍然存在资源错配（如 B 点）。当经济处于 A 点或 B 点时，就存在套利的机会。企业家的第一职能就是发现不均衡点（A 点或 B 点），然后抓住机会进行套利，通过套利行动改进资源配置，使经济趋向于 C 点，这就带来了经济增长。经济到了 C 点之后就没有套利机会了，不可能通过进一步改进资源配置带来经济增长，下一个增长来自什么地方？就来自怎么使得生产可行性边界向外移，如从 X_1Y_1 外推到 X_2Y_2，这就是企业家的创新功能。企业家在创新过程中又会创造出新的套利机会，这样套利和创新不断相互作用，使经济可以持续增长。

从这个角度来看，经济的增长其实表现为新的产品、新的技术、新的市场的不断出现，表现为分工链条的拉长、专业化的加深，也表现为需求结构、产业结构的不断升级。按照现在零售业的记货单位口径，200 多年前人类使用的产品总数只有 10^2—10^3，现在有 10^8—10^{10}。这些新产品都是企业家创造出来的，甚至每一个产品都可以追溯到是由哪一个企业家创造出来的。把经济增长简单地归为人均 GDP 的增长是误导性的，为了保经济增长消化过剩产能也是错误的，因为这就如同为了在桌子上不剩饭，鼓励大家放开肚皮多吃，最后把人撑死了。这不是好的思维方式。

我们可以用简单的统计说明这一点。比如关于粮食消费，1981 年中国城镇居民人均消费粮食是 145 公斤，到了 2012 年只有 79 公斤，下降了 45%。所以仅从粮食消费的角度来看，中国经济倒退了。但这是不正确的，因为不断有新产品涌现，现在有了过去没有的手机、汽车、电脑等，而过去消费的东西有些就被淘汰了。20 世纪 80 年代衡量富有程度的标准之一是家里是否有自行车，现在统计局都不对它进行统计了，因为它不重要了。

所以看经济有没有增长，我喜欢问的一个问题是，你爷爷在你这个年龄的时候消费的是什么，你爸爸在你这个年龄的时候消费的是什么，你现在消费的是什么？如果每代人都不一样，说明经济增长了；如果每代人都一样，说明经济没有增长。我上大学的时候去陕西历史博物馆参观，发现我在农村时的消费结构和唐代人的消费结构差不多，证明这 1 000 多年中国经济没有增长。当然，我现在消费的东西和我父亲在我这个年龄时的很不一样，因为过去 30 多年的进步太大了。

这些进步都来自企业家的创新。我们可以把创新分为两类：一类是颠覆式创新，另一类是改良式创新。所谓颠覆式创新，就是从 0 到 1 的创新，做出原来没有的东西，这是熊彼特讲的创新。改良式创新是对产品的质量、性能进行改进，或者降低生产成本。以汽车工业为例，130 年前卡尔 · 本茨和戴姆勒发明了汽车，这是颠覆式创新，它颠覆了传统的邮政马车运输业。后来亨利 · 福特引入自动化生产线，也是颠覆式创新，之后汽车行业基本上没有什么颠覆式创新了，直到最近的新能源汽车和无人驾驶汽车的出现。

再举一个计算机行业的例子。1946 年第一台计算机问世之后，经历了从大型计算机、微型计算机，到个人台式电脑、笔记本电脑、平板电脑，再到现在的智能手机这样一个演化的过程，每一次都是颠覆式创新。但是每一种类型的计算机又有很多微创新和改良式创新，功能在不断提升，成本在不断下降，无论是大型计算机、微型计算机、个人台式电脑，还是现在的智能手机，无不如此。

中国经济转型：从套利型企业家到创新型企业家

从企业家精神的角度看中国经济，简单来说，过去 30 多年中国经济的高增长主要来自企业家的套利行为推动的资源配置效率的改进，这样的套利不仅包括中国企业家的套利，也包括外国企业家的套利。中国的经济增长有相当比例是外国企业家通过他们的套利贡献给我们的，外资企业的出口占到中国出口总量的40% 以上就是一个证明。

为什么套利可以带来这么快的经济增长？很简单。第一，中国长期的计划体制严重扭曲了资源配置，使得改革后中国经济内部出现了巨大的套利空间，改革开放初期大家看到干什么都可以赚钱，因为什么都短缺，还有大量的过剩劳动力，以及土地、资本，都没有得到有效的利用。第二，中国的开放政策使得生产可行性边界外移，不仅给中国企业家，而且给外国企业家带来了新的套利空间。

为什么？因为一个经济体原来用的技术另一个经济体没有，通过相互引进对方的技术，或者由于生产要素的禀赋不同，通过交换产品，都可以实现更大的生产可行性边界。也就是说，仅仅开放就可以提供巨大的套利空间。这就是为什么我们看到中国开放之后，不仅中国企业家能够赚钱，而且外国企业家也能够赚更多的钱。中国便宜的东西在美国很贵，美国便宜的东西在中国可能很贵，企业家把第一类产品从中国出口到美国，第二类产品从美国进口到中国，就可以带来中国经济的增长，当然也提高了美国的经济增长。

但是下一步的增长会怎么样呢？我觉得套利的空间越来越小了，经济增长也就越来越难，不仅中国的经济增长速度在下降，全球经济增长速度的下降也与此有关。特别是过去发达国家的企业家在前面创新，中国的企业家跟在后面进行套利，现在容易套利的都套得差不多了，还有一些套利空间利用起来很难。比如外国企业发明了手机，国内企业生产手机套利，生产手机很容易，但是制造生产模具就比较难了。现在中国企业也可以生产模具了，但我们发现制造模具的机器不是德国的就是日本的，连零件都没有中国的，因为制造模具的机械设备的套利要求自身有很高的技术积累，而这方面中国企业仍然有很大的欠缺。

当套利空间逐步缩小、模仿的难度越来越大的时候，中国企业家怎么继续赢利呢？只能靠创新了。外国的企业简单在中国套利也不太可能了，也要靠创新。这就是未来中国的增长要由套利驱动转向创新驱动的原因。过去 30 多年套利型企业家推动了中国从计划经济向市场经济的转型，尽管这个转型现在还没有完成；未来则需要靠创新型企业家实现由配置效率改善驱动的增长，转向创新、新技术驱动的增长。

以此来看，中国经济未来 10 年能保持每年 4%—5% 的增长速度就很不错了。因为从历史经验来看，靠创新驱动的增长不可能超过 3%，中国与发达国家还有差距，因而还有一定的套利空间，这个点可以高一些，但也不可能高得太多。

这里我要特别强调一点，我们现在经常说中国经济已成为全球经济增长的引擎，既然我们认为自己是全球经济增长的引擎，如果全球经济增速下降了，我们就应该意识到这个引擎可能出问题了。我们不能一方面认为中国是全球经济增长的引擎，另一方面中国经济增长速度下降了，又说是其他国家拖累的，这在逻辑上不能自圆其说。

我们现在面临的一个挑战是，怎么使套利型企业家逐步转向创新型企业家？我觉得这个转变比较难，难就难在一个人赚惯容易的钱了，让他赚难的钱比较困难。但我们也有一些成功的例子，比如联想、华为等企业，它们的成功给了我们很大的鼓舞。华为也好，联想也好，都是从套利起家的，但是现在它们转变成了非常具有创新能力的企业，这值得中国很多企业家去学习和思考。

我更关注的是什么样的制度能使得中国的企业家更有创新的积极性。无论套利还是创新都对制度有要求，最基本的要求就是自由、私有产权和法治，但套利和创新对这三个方面的依赖程度是不同的。诱发套利行为的制度不一定能够诱发创新。为什么呢？因为创新有两个特点。

创新的高度不确定性和长周期

创新第一个特点就是高度的不确定性，第二个特点就是周期特别长。如果我们用横坐标表示时间，纵坐标表示不确定性，在一个二维图里，套利在图的左下角，颠覆式创新在右上角，改良式创新在二者之间。也就是说创新比套利的不确定性程度高，比套利的周期也要长。

要理解这一点，首先我们要把风险和不确定性区别开来。尽管“最确定的是不确定”已成为商界的口头禅，但大部分经济学家和管理学者讲的不确定性实际上是指风险。事实上，风险和不确定性是很不一样的。简单来说，风险是可以量化的，不确定性则不可以量化；风险具有基于大数概率的统计，因此可以通过保险降低；而不确定性没有统计概率，没有分布函数，因而是不可降低、不可保险的。而且风险是外生的，就像明天下不下雨、雾霾有多严重等问题；而不确定性不完全是外生的，它依赖于企业家本身的行为。因此，不确定性意味着过去的数据并不可能提供有关未来的信息。

创新过程充满的是一系列的不确定性，而不是通常意义上的风险，没有人能事前预料一项创新是否会成功，也不可能计算出成功的概率是多少，这和科学上的发现非常类似。如果创新只是传统意义上的风险的话，我相信会有好多保险公司为创新提供保险，成功了白交保险费，失败了保险公司给予补偿。但是没有这样的险种，这就证明创新本身不是一个风险问题，而是一个不确定性的问题。

我们现在正在进入大数据时代，大数据给我们带来了诸多好处，但有人由此认为大数据可以减少不确定性，我觉得这是错误的。大数据可以降低风险，但是大数据不能解决创新面临的不确定性。因为大数据无法预测等离子电视和背投电视能不能竞争过液晶电视，也无法告诉我们为什么易趣败给了淘宝，往来败给了微信，优步在中国市场上败给了滴滴出行。

再以前面提到的计算机为例，从大型计算机、微型计算机到个人台式电脑、笔记本电脑、平板电脑，再到智能手机的创新过程中，每项创新的引领者都与过去的引领者不一样。大型计算机垄断者 IBM 错失了微型计算机市场，没有一家微型计算机制造商最终发展为个人台式电脑的主要制造商，而笔记本电脑的主要生产厂家是日本的索尼、夏普、东芝。为什么？这是数据差异不能解释的。不是因为早前的主导企业占有的数据没有后来者多，也不是因为它们不关注客户需要，而是因为它们判断失误！这样的判断失误与数据的多少无关。

所以企业家精神一定是超越大数据的。就创新而言，数据能提供的帮助非常有限，大数据无法告诉企业家应该做什么，企业家必须想象和看到大数据不能告诉他们的东西。企业家对未来的预测，不是基于统计模型，不是基于计算，而是基于他们的心智模型（mind model）：他们的想象力、警觉性、自信心、判断、勇气。当然，我不否认大数据可以对企业家的决策提供帮助，但仅仅基于大数据的决策充其量只是科学决策，而不是企业家决策。企业家决策不同于科学决策。

亚马逊公司无疑拥有图书市场的大数据，它可以根据客户过去查看和购书的记录，向客户推荐书，但我相信大多数人并没有买所有它所推荐的书，人们买的书大部分也不是它推荐的，因为它的信息仍然不能反映个体所有的偏好。更重要的是，亚马逊的大数据并不能够预测未来哪一本书会畅销，即使你知道了 2016 年的畅销书，对预测 2017 年的畅销书也毫无帮助，更不能告诉每一个作者应该写什么书。如果一个作者根据大数据来制订自己的写作计划，我相信他十有八九会失败；如果一个出版社根据大数据来制订来年的新书出版计划，那它不可能是优秀的出版商；如果政府计划机关根据亚马逊或当当网的大数据制订全国的图书出版计划，那一定是图书市场的灾难。

创新的第二个特点是周期非常长。现在金融市场的套利可以在几秒钟内完成，过去投机倒把的套利现在一两天就可以完成，乡镇企业的套利三五个月就可以完成。但是创新需要三五年，8 年、10 年，甚至更长时间才能见分晓。比如蒸汽机从 1764 年瓦特拟出草图，1769 年申请到专利，1775 年接到第一台订货，到 1786 年开始赢利，前后长达 22 年。连像小孩用的一次性尿布这样看起来低科技的产品，宝洁公司从开始研发到投入市场，也花了整整 10 年时间。当然今天很多新技术公司似乎很容易拿到钱，但这并不等于市场已经认同它们，而是投资者在看好它们。

不确定性的高低和周期的长短这两个因素结合起来，决定了创新和套利的利润曲线大不相同。套利是一开始就能赚钱，但是随着竞争者的加入，赚钱越来越难，最后趋于零，达到均衡。创新是一开始就亏损，而且亏损可能持续三五年，甚至 8 年、10 年，然后才开始赚钱。或者说，凡是一开始就赢利的事情都不能叫创新，只有一开始亏损的事情才可能是创新。比如中国一些互联网公司运行 10 年了，花了几十亿元，还没有赚钱。当消费者支付的费用还不足以使得企业赢利的时候，谁来买单？就是投资者。投资者为什么要为这些亏损的企业买单呢？因为他们预期未来如果创新成功了，消费者会买单，他们就可以赚大钱。

这样的话，创新需要什么样的制度？简单来说，创新需要投资者和企业家对未来有一个稳定预期的制度，10 年、20 年之后，创新成功了，他们仍然能够得到创新带来的回报。如果一个制度不能给大家一个稳定的预期，这个制度就不可能鼓励企业家创新。对于创新而言，中国目前的体制仍需完善。

创新需要自由的股权融资体制

下面我要聚焦于金融体制。从利润曲线可以看出，创新对金融体制的敏感度远高于套利对金融体制的敏感度。特别是，创新的特点决定了创新所需要的投资只能来自股权，而不能来自债权，这一点跟套利是不一样的——套利的资金可以来自债权，而且事实上大量的债权融资用于支持套利。下面我具体谈 5 点。

第一点，银行主导的金融体制是不适合创新的。经济学界有关不同金融体制的优劣争论已久，日本和德国的银行主导模式好，还是英美的股票市场主导模式好？从我刚才讲的理论来看应该很清楚，银行主导的模式是适合套利的，而股票市场主导的模式更适合创新。其实商业银行最初就是为套利而产生的：你要做生意，货还没有卖的时候就先要有钱进货，你先从银行借钱，等货卖了以后还上；或者你现在要投资建厂，产品还没投产的时候要向银行贷款，等产品生产出来卖出去以后把贷款还上。所以商业银行主要是为企业家的套利而融资。商业银行最重要的是风险控制，充其量只能支持微创新、改良式创新，不可能支持颠覆式创新，因为颠覆式创新风险太大，如果商业银行投资颠覆式创新的话，坏账率会在 50% 以上，十有八九会破产。

直接融资市场对创新来说非常重要。美国之所以能引领创新，很大程度上来自它的非银行主导的金融体制。以色列也是一个典型的例子，2008 年以色列的人均风险资本是美国的 2.5 倍、欧洲的 30 倍，所以以色列才能成为创新型国家。

第二点，国有商业银行不可能服务于创新。为什么呢？因为国有商业银行主要服务于国有企业，国有企业本身只能进行套利，不可能进行创新。国有企业领导人既没有创新的积极性，一整套的监管制度也不允许他们创新，因为政府没有办法在创新投资和不负责的投资之间做区分。如果投资资金主要由国有商业银行分配给国有企业，中国不可能成为创新型国家。我们知道中国是世界上储蓄率最高的国家，也是储蓄额最多的国家。但为什么

BAT（百度、阿里巴巴、腾讯）都是靠外国人投资起家的？为什么那么多的投资没有几笔投向创新型企业？显然与国有银行主导的金融体制有关。

第三点，对私人投资的管制不利于创新。创新需要的私人资本只能来自天使投资、风险资本、私募股权基金（PE）或者首次公开募股（IPO），不可能来自债权融资。股权融资是私人之间的契约，资本所有者应该有选择投资的自由；如果没有选择自由，真正的创新就不可能得到资金支持。既然是私人资本，风险自担，政府就不应该对它进行过多的管制。比如股票融资，不应该受到额度的控制，也不应该受到赢利准入门槛的限制。无论是以产业政策的名义实施的投资审批，还是以保护投资者的名义实施的上市标准，都不利于创新。

我举个简单的例子。现在美国 50% 以上的钢铁产量来自中小企业，为什么？因为 20 世纪 60 年代出现了一个电弧炉溶解废钢技术，80 年代又出现了薄板连铸技术，使得中小钢铁企业的投资和生产成本大大降低，具有了竞争优势。如果认为钢铁这个传统行业有规模经济，规模太小政府就不批准的话，那这两种技术都不可能出现。美国的页岩气技术也是由名不见经传的小企业开发的，而不是大型石油公司。这两个例子也说明，从技术的角度讲，没有一个产业是传统产业，因为每个产业的技术都在进步。如果政府不允许企业家自由选择，不允许投资者自由选择，以保护环境、提高效率的名义限制私人投资的投向，这些新技术就不会出现。

还有上市准入门槛，规定连续三年赢利才能上市，这是很荒唐的。一个企业为什么要融资？因为现在亏损但预期以后会赚钱，现在消费者买单的钱不足以让它实现未来赢利的预期。但现在的规定是如果你亏损就不能融资，只有赚钱多的企业才可以在股票市场上筹集资金，这与股权融资的本意背道而驰。如果企业现在有很好的赢利，干吗还要上市？所以有这样一系列的规定，创新根本不可能出现。

第四点，政府的投资或者政府的股权基金也不适合用于创新。股权融资对创新很重要，但并不是任何机构的股权投资都有利于创新。现在中国各级政府建立了很多政府资助的投资资金，据统计，截至 2015 年年底共有 780 多家政府引导基金，管理着 2.18 万亿元的投资基金，5 倍于世界上其他风险投资基金的总和，中国现在成了世界上最大的风险投资、股权基金资金国。政府投资基金和私人投资不一样，我们没有办法保证政府投资基金的钱真正投资于值得投资的项目，因为花钱的人的利益与投资亏不亏没多大关系。政府的投资基金会创造巨大的寻租空间和腐败空间。即使排除掉腐败，政府投资也会导致逆向选择，即不具有企业家精神的人会冒充企业家，这是我自己早在 20 多年前的博士论文中就证明过的。当政府给钱的时候，企业家精神就没有办法有效显现，如果每个人都可以拿政府的钱去做企业，成功了利润归自己，失败了成本由政府承担，那么谁都可以冒充企业家，最后就会造成巨大的浪费。因此，仅仅因为逆向选择就足以导致政府创立的投资公司（无论叫政府引导资金还是创业基金）最后一定是没有效率的，或者说一定失败。

第五点，服务于宏观调控的金融体制也不利于创新。我们今天的金融体制很大程度上是服务于宏观调控的，经济过热就提高利率，收缩信贷；经济疲软就降低利率，扩大信贷。但是按照哈耶克的周期理论，政府的信贷扩张政策是导致企业家错误投资的主要原因，也是引发金融危机的主要原因。按照熊彼特的理论，经济的发展一定是新产品、新技术、新企业淘汰老产品、老技术、老企业的过程，创新周期决定了商业周期。用货币政策刺激总需求，一定会延缓和阻碍这个淘汰过程，从而一定有害于创新和经济的长期增长。有研究表明，创新活动通常在衰退的低谷开始，原因是市场已经饱和，企业无法从旧有和已经成熟的产品中获利，便求助于新产品。服务于宏观调控的金融体制只能鼓励套利，不可能鼓励创新。2009 年政府花了数千亿元补贴农民买过时的家电产品，使得中国家电产品的更新换代推迟了 5 年。

以上我从这 5 个方面概括了创新需要一个什么样的金融体制，一个有助于创新的金融机制不是我们现在的金融体制。总结一下，经济增长方式的转变呼唤着创新型企业家，而创新的高度不确定性和长周期，决定了创新型企业家对制度（自由、所有产权和法治）更为敏感。创新需要完全不同于套利的金融体制，这个金融体制就是私人资本的自由交易形成的体制。商业银行主导的经营体制不适合创新，国有银行主导的体制不适合创新，政府主导的股权融资体制也不适合创新。因此，中国金融体制改革的基本方向，第一是民营化，第二是自由化，唯其如此，中国才有可能变成一个真正的创新型国家，未来 10 年中国经济才有可能维持 4%—5% 的增长率。

企业要高度关注想法

周其仁（北京大学博雅讲席教授、国家发展研究院教授）

经济活动是人的活动。人的所有活动，包括企业活动、市场活动等，都来自想法，这是人的活动的一个特点。大家听到的从年青一代的创业故事到领军企业家的故事，仔细去追那些故事，会发现故事的起点就是一个想法，所以搞企业要对想法给予很高的重视。

有一家游戏公司，其董事长觉得在成都从事游戏产业不比在北京、上海、广州吃亏，这就是一个想法。他觉得学电子的手里有技术，互联网这个产品也不需要码头、港口，不需要运输，所以在成都也可以杀出重围，做全世界的生意，这就是一个想法。他的企业市值今天已经达到 10 亿元。

商业领军人物柳传志，当年创业就是在中国科学院计算技术研究所 12 平方米的传达室有了一个想法。“文革”结束了，已经 30 来岁的人要干一番事业，自己出来干，这也是一个想法。刘永好最早有一个想法。李书福也有一个想法，做照相馆，然后做摩托车，摩托车之后做零部件，零部件之后做整车，都是源于最初的一个想法。

所以你去看全世界的企业故事，追根溯源都是一个想法，做事情首先要有想法。从经济发展的角度看，这个想法的形态是讲不完的，战略是一个想法，创意是一个想法，商业模式是一个想法，应急方案也是一个想法。

从经济发展的角度看，什么想法对经济增长的重要性无可比拟，我们可以一起来找找这个问题的答案。李书福 19 岁创业，他骑自行车为别人照相。为别人做事，这是所有想法中最重要的一点。什么样的故事叫伟大的商业故事？就要看有多少人能享受到你的服务，有多少人能得到你的产品。企业家的地位，不是由他的年龄决定的，不是由他所拥有的财富决定的。个人财富在正常健康的市场上应该是社会贡献的一个函数。所以，对企业家而言，首先要有的一个想法就是要为别人做事，为别人提供产品，这个想法可大可小，想法越大你要罩住的人越多，你的财富就越多。想想看，全世界多少人在用苹果手机，多少人在用 Windows（视窗操作系统）。想法越大，覆盖的人越多，时间越长，这个商业故事就越伟大，这个企业也就越伟大。

所以，在商业的想法中，“为别人”是最重要的想法。过去，我们讲三观，其实人类最正确的世界观就是“为别人”。创业者不能光说我有多少财富，我能买多少房子，我能花钱不眨眼，人人都会有这些想法。你要想清楚，要实现你自己的梦想，前提是你给了别人什么。这一点在我看来最重要，而且要坚定，越年轻越要把这个志向定得大一点。

我去美国硅谷访问，很多小企业说它的产品对人类怎么样，全人类都可以用它的产品，没有说光是为一个国家、为一个地区，甚至为一个社区的。当然，无论心有多大，核心是要为别人。李书福 19 岁骑自行车为别人照相，这一点是所有想法的基础，如果这个想法足够大、足够坚定，商业故事的基石就有了。

如果拿这个标准看商界、企业界的想法，你会知道光有想法还不够，要把想法变成产品，需要照顾到一群人，以及更多的人，你要动员你的资源和队伍，把这个产品做好做大，覆盖到更大的市场。

刘永好公司的饲料供应了全世界很大的市场，那是需要很大的队伍的，是要解决很多问题的。所以，企业家可不能只是一个点子大王，也做不到每天都有新想法。要做到的是，你有了想法，要衡量这个想法能不能落地，如何落地变成产品、变成服务，最后变成产业，变成市场份额。

李书福整天就琢磨这个事，从照相到汽车，到了汽车就没再动了，再琢磨的都是怎么把汽车份额做得再大一点儿，怎么让更多人开上他的汽车。想法到最后就是一个长长的流，每个环节都值得好好打磨。

“双创”的氛围很好，很重要，但是据我观察，很多人对创业、对于办一家企业根本不够当真。

以色列对于很小的初创企业，用的词叫发射，意思就是创业是你梦想实现的一个开头。当然，创业最后可能不会成功，但是我们也千万不能因为创业允许你犯错误，你就马马虎虎、稀里糊涂地走上创业道路。

我关注到中国商界已经开始出现这个问题。同学之间喝喝酒、开开会，然后就得出一个结论：干。你们认真研究过了吗？你们琢磨透了吗？你们创业到底要为谁服务？到底要给谁照相？他们又为什么要用你照相？你照相跟别人照相有什么不同？

再回过头看以色列，800 万的人口，大概 7 000 家上市公司，创业成功率很高，创业率在全球数得上。但所有这些公司都是认认真真创出来的，没有一家公司是草率创业而来的。为什么需要有风险基金？你要吸收整个市场积累的经验，预先在脑子里把要防范的问题先消除掉。若有几十个问题回答不出来，你就没有想清楚。怎么可以马上就找到钱？我们真要干事，不要随便埋怨融资难，这是我的观点。

在政策层面，作为国家领导人可以讲融资不能难。但是做企业的人心里要清楚，融资也别太容易，太容易找到钱，你也会太容易不当真，不太拿钱当回事，然后对创业也会不够认真，最后就会把一个机会毁掉了。如果足够认真，你的想法变成产品的机会要大很多。

有想法，这个想法的基础是为别人，然后对想法当真，这是最重要的一点。最近我研究创新问题时，聚焦的关键词就是想法。

关于想法，第二重要的东西，就是新想法。

为什么要有新想法？

第一，想法这个东西，不管你怎么保守秘密都是守不住的，想法一变成产品，这个想法就出去了。商业秘密、知识产权、专利等只能延迟别人抄袭想法的行动，但仅仅是延迟，而且现在的研究表明，这个延迟的时间越来越短了。

想法是最重要的资源，不仅价值高，而且它与有形的物质资源不同，它是信息组成的集合。我有想法，我把想法告诉你之后，我还有，不像一台电脑、一部手机，你拿走，我就没有了。知识为什么会加速推动经济，道理就在这里。

你不要总是埋怨你的想法被别人抄走了，你也不要总想着抄别人的。抄来抄去的想法并不能真正推动社会进步，抄得多了，不仅对创新者有伤害，而且遍地都会出现过剩产能。

中国经济是后发经济，后发经济不需要有太多新想法。邓小平领导改革开放的时候所说的第一句话是走出去看。中国人只要好好看看外面的世界，主意就来了，产品样本就来了，想法就来了，不用从头想，因为落后太久了。只要出去看看人家吃什么、穿什么，房子怎么建的，引进到中国就好了。当然，引进不能照搬，要避免水土不服，做一些改进，引进的时候有所创新，毕竟所有发达国家的人均 GDP 有 3 万—4 万美元，我们照搬他们的东西，效果不好。中国经济近 40 年高速增长就是这样做到的。但是现在情况变化了，成本高了，差距小了，知识普及了，想法普及了，尤其是怎么做企业的想法现在已经非常普及。招商引资，1978 年时中国只有邓小平一个人懂，现在每个乡长、镇长都懂，都懂的东西就变成常识，它的竞争力就被抵消掉了。所以早年这方面知识稀缺的时候，办一家企业就有高利润，但这类知识一普及，知识变成常识，价值就被稀释了，办企业就没有高利润了。

这就是为什么这个市场越走越深，越走对新想法的需要越强烈，你没有新想法今后是杀不出重围的。所以你要根据一个想法来创业，就要好好掂量，而且越来越要好好掂量。我还记得柳传志当年讲的话，一件事情要干，就要把它琢磨透。什么叫琢磨透？事后的财富、故事、上市、市值都很耀眼，大家都看得到，但他当年怎么把事情琢磨透的这个功夫，大家看不到。如果你不学着琢磨事情，只盯着别人耀眼的地方看，你就不容易做成。现在咖啡馆成了创新园地，找任何一家咖啡馆一坐，前后左右都在讨论创业，有各种想法。在你兴奋的时候，要知道，韩国也有很多人在喝咖啡，美国还有很多人在喝咖啡，欧洲喝咖啡的人也不少。世界上同时有无数的想法都想推进这个市场，你有什么过人之处？如果想不清楚这个，你就算一时找到钱，融到资，开了张，雇了人，后劲儿也不够。后劲儿需要新想法，像水流一样源源不断的新想法，这一点越来越重要。

第二，在想法变成产品之前，对想法也要好好掂量。在想法变成产品以后，尤其是订单飞来之后也不容易，很多企业就死在了这段路上。

有些想法要变成产品，可能需要一辈人或两辈人的精力，再多资源投入进去都不一定有结果。比如让汽车飞起来，你根本不知道什么时候能找到汽车飞行的原理。汽车飞行和鸟飞行一样吗？是遵循的同样的空气动力学原理吗？这中间会遇到无数的技术困难，这个关键的技术困难你拿不拿得下，决定了这个想法最后能不能影响人类的生活。

技术原理的困难你解决了，很快会发现，它后边有一大串困难，有些还不是你能解决的。汽车飞行的原理你找到了，但材料行吗？原料行吗？工艺行吗？生产的设备行吗？人行吗？就像盲羊走路一样，歧路无穷，走到最后的才能生产出产品。

这几年在国内调研，跑来跑去，让我感触比较深的就是微信研发团队的领军人物张小龙。和他谈完以后我真的好几天都睡不着觉，一直在琢磨他的这个想法怎么来的。

我们都知道，微信现在有好几亿个用户，成功极了，这个成功的背后有一个想法是非常值钱的。张小龙开发的时候跟团队成员讲：我们开发这个产品不是开发出来让用户用完以后说我们多厉害，张小龙多厉害，而是要让用户用完以后觉得是他自己特厉害，这是很重要的原理。

张小龙的这个理论才是真的厉害。我们很多人都是拿手里的技术抖机灵，秀给别人看，大错特错。

我听完张小龙的介绍以后，知道他在内网上有一个 8 小时的演讲，讲的就是怎么研发微信的项目，非常值得来来回回听。我是来来回回听过的，听完以后我还做了一个试验，我拿微信教我妈妈，我妈妈当时 90 岁，她竟然学会了，学会了以后，她根本不知道张小龙是谁，她只是觉得她自己很厉害，到处给人发信息说她会用微信了。

所以当想法找到技术，技术转换成产品的时候，我们还要再掂量一次。我们真正要为别人提供的产品或服务，是不是足够了解人性，为用户提供的方便是不是足够让用户觉得是他自己厉害，而不是你厉害。这是一门大学问，这一步迈不迈得过，很关键。

下面还有一步，你有了产品，谁来投资你？说服能力最重要。不管中国还是其他国家最优秀的企业家，不管他演说技巧怎么样，他至少能做到一点：打动人。企业家做事情，想做大不能靠一个人，他必须有打动人的地方。

柳传志讲话打不打动人？李书福呢？当年，李书福就把两个市长打动得不行，两个市长说：我们爱护你，民营企业靠摩托车赚钱是不行啊，但国家投了多少亿搞汽车都费劲儿，你能行吗？我们是怕你犯错误，所以不批。李书福跟两个市长说：你们就行行好，让我犯一次错误，行不行？

融资的时候，融不到资很着急，但融到资以后你可能更着急，队伍在哪儿啊？生产线在哪儿啊？市场、渠道又在哪儿啊？没有订单着急，有订单比没订单还着急。订单一来，你的产品质量能稳得住吗？中国这个市场好厉害，订单一下子就能起来，但如果你处理不好，这个市场也是一个巨大的黑洞，很快就能吞噬你。所以，一个商业模式大获成功，订单飞来，可能反而是麻烦的开始，很多企业就死在了这个环节上。

我是北京大学国家发展研究院的教授，每年给我们的 BiMBA 商学院 EMBA（高级工商管理硕士）班上课时，老给学生讲孙悟空的本事。孙悟空一把毫毛拔下来，吹一口气，不仅能变出 10 万个孙悟空，而且这 10 万个是一模一样、技术统一、动作不变形的孙悟空，有这个本事才能打中国市场。中国市场的商业模式本身还不够完善，还在奋斗，但能走到今天已经挺幸运的了。问题是我们好多公司好不容易把想法变成了产品，也拿到了订单，结果却死在这条路上了。

为什么说我们的市场还在奋斗，我们的商业环境还在完善之中？就是从想法到产品，再到订单和可持续创新的企业，这中间的沟沟坎坎太多，相互之间还没有完全打通，更谈不上浑然一体了。

美国的创新为什么厉害？仅仅是因为有好多大学，金融发达吗？美国从想法到市场的整个链条已经浑然一体了。看看美国的大学、国家研究室、民间研究机构、企业研发、企业风险投资、各种类型的投资商、地方政府、联邦、军队的研发等，都已经融为一体了。一个新想法，从原理级的初想和打动，到变成应用，再到走向市场，已经有一个完整的流程，不像我们这里，在很大程度上还是割裂的。我们还是分得清清楚楚，大学是大学，科学院是科学院，企业是企业，研发是研发，营销是营销，投资是投资，各自为政。

中国人的想法不比美国人少，但为什么美国人的想法能弄得全世界的市场都不安宁，就是他们的浑然一体，能让想法不停留于想法，而是变成产品推向市场。中国困于法制等一系列的市场不完善，想法的威力很难走到市场化这一步。更何况，想法是有时效性的，你在想，别人也在想，关键不仅在于谁想得出来，更在于谁的想法能实现。

今天我们从国家层面已经提出“双创”，举国之力去搞，本质是我们的经济整体上已经需要从以跟随为主的引进性创新不得不转向引进性创新与真正的原创新并举了。原创新和引进性创新不同，没有多少年的积累，我们是达不到世界先进水平的。我们还很难说中国已经进入原创新时代，但是苗头已经有了。

我们的经济现在已经到了这个台阶，未来几年的关键就是准备好上新台阶，政治、经济、文化都在一起做好准备。不要看我们现在的经济总量是世界第二大，我们的人均 GDP 还只有 7 000 美元，跟人均 GDP 5 万美元的发达国家还有巨大的差距。当然，我们中国人不会就此打住，这也意味着中国还有很大的空间。要把空间变成实实在在的进步，还有很多问题值得研究，很多问题值得总结，很多想法值得创新和保护。

创新的浓汤如何煲出来[①]

周其仁

在中国建一个世界级大湾区，要讨论的问题不少。其中一个重点是马化腾先生所讲到的：怎么汇聚成一个对中国乃至世界有引领作用的创新中心？

我想就创新发生所需要的条件做一点讨论，关键词有两个："密度"和"浓度"。

中国是一个大国，我们凡事都喜欢大。但如果只贪"大"，不讲究"密"和"浓"，就不容易强，所以越大越要注意密度和浓度。这个观点是从现象观察中得出来的。我们观察创新现象，发

① 本文根据周其仁在首届"粤港澳大湾区论坛"上的演讲整理而成，初刊于腾讯《腾云》，原标题为"在南中国，煲一锅创新浓汤"。

现其发生极不均衡。

首先，创新在人口中的分布不均衡：参与创新的人口极少，享用创新成果的人口非常多，两者之间不成比例。

其次，更有意思的是，创新的发生在空间分布上极不均衡。那些对全人类产生重大影响的创新活动，怎么看都发生在很小的区域，而这些区域与整个世界的地理范围完全不成比例。

2016 年，麻省理工学院发布了全球 50 大创新公司的榜单。这批创新 50 强在世界地图上集中分布在几个点位上，很多大洲连一个也没有。名满天下的硅谷，放到美国地图上不过是一个很小的点而已，但是这个点位里创造出的观念、产品、技术模式，对整个世界都有巨大的影响。

有一本很有名的书叫《创新国度》，讲以色列的创新。这个国家的面积比北京市的还小，它的出口产品中有 50% 是高科技产品，从事高科技产业的人口占 10%。我考察过很多企业，其实真正从事高科技产业的人口远不到 10%。再看以色列创新公司的分布，也都集中在特拉维夫和海法周围，并没有分布到以色列的所有地方。

在 2017 年 6 月 15 日发布的全球创新指数中，中国的排名比 2016 年上升了 3 个名次，进入了第 22 名，中国香港地区是第 16 名。中国是中等收入国家中唯一进入前 25 名的国家，排在前面的都是高收入国家，且多年来排名都没有很大变动。

但这次发布最有意思的是，第一次公布了全球创新群分布的排名。什么是创新群？就是密集提出发明专利的地方。英文cluster，是群、团的意思。因为国际上申报专利要求填写一个邮政编码，从而可以知道它在哪里发生、在哪里被提出。结果发现，专利在一个国家内发生的分布也极不均衡，通常集聚在一些“团”“群”里边，也就是 cluster。

全球发明专利的创新群榜中，第一名是东京－横滨，2011—2015 年间申报发明专利 94 079 项。第二名是深圳和香港，有 41 218 项发明专利。第三名才是旧金山湾区，有 34 324 项发明专利。

按此排名，旧金山湾区即大名鼎鼎的硅谷，从申请量上看排到了深圳和香港的后一位，但这仅仅是拿申报专利论英雄。更全面地衡量的话，硅谷创新的影响力还是全球领先水平。其中最重要的特征是密度和浓度。

这么一块不大的区域（1.9 万平方公里，略大于北京市），有几万家高科技公司，其中有一批世界级科技巨头，围绕着若干世界级名校，先后出过 50 位诺贝尔奖得主，还从全世界招来最聪明的学生，他们不仅是当下学霸，还是日后科创豪杰。这里还汇聚了全美风险投资的 40%，让形形色色的奇思怪想有更多机会变成产品，走向市场和日常生活。虽然这些要素在其他湾区也有出现，但旧金山－硅谷这个湾区最大的特点还是高质创新元素密布，高频互动，融成一片。这个特点非常值得重视。

密度和浓度至关重要

因为所有创新的最初形态都只是一些想法，要让头脑里的想法变成产品，再变成产业，变成改变世界的经济活动，有很长的一条路要走。走好这条路，需要什么条件？这是这两年我自己在研究的一个课题。每个人都有想法，但要让想法变为产品，中间有很多关口要过。

第一，要鼓励、欣赏新想法，最起码也要容忍吧，绝不嘲笑，更不能压制这些新想法。那些容不下新想法的地方，其实已经把自己排除在创新区之外了。

第二，一个想法从萌发到成熟要经历许多“激荡”。无论哥白尼、牛顿、爱因斯坦那样的科学天才，还是盖茨、乔布斯这样的科创企业巨擘，都不是孤立成才、孤立成事的。没有哪一个人在孤岛中成长为天才，因为再厉害的头脑也需要和一群厉害的头脑凑到一起，对话、互动和碰撞，互相挑战和切磋。缺失了这道工序，或者“激荡”的质量不高、浓度不够，很多好想法就打磨不出来。

第三，产品变成想法，要“手脑并用”。如果动脑、动手没有聚在一起，那么想法就不可能变成产品。当然，动手需要有条件支持，包含财务条件、金融条件、物质条件、元器件的可得性等。所有这些东西要在不大的范围内同时具备，这是非常难的，这就是创新发生得非常不均衡的原因。

人类一直都有很多想法、很多点子、很多猜测，但是哪些想法和猜测最后变成了科学原理性的发现？哪些科学发现能激发出技术的发明，并为人类所用？这需要一串条件。世界很大，但同时能满足这些条件的地方很少，这就是科学史的教训。所以 cluster 不是国家、行政区划的概念，而是“群”的概念，这个群要有共同的爱好、价值观、氛围，里面不同的要素要高频互动。

这样看，密度和浓度是创新得以发生的关键。

现在关于大湾区的讨论很多，我在看了一些初步研究之后很受启发。粤港澳大湾区是非常有希望的一块热土，让我最感兴趣的是它的密度在中国领先，0.6% 的土地创造了中国 13% 的 GDP。单位土地 GDP 产出最高的是这里，比京津冀、长三角那两个城市群都高。密度高意味着其中发生的经济互动最活跃，这没问题。问题是，密度比较高，不等于浓度一定也够，我觉得这可能是大湾区建设的一个重点。

与那些已经成为世界级湾区的地方相比，汇聚到这里的创新要素的质量还有待提高，更重要的是，创新要素之间要有更密切的互动，要增加粤港澳地区的大学、公司、国家实验室、金融力量、法律服务以及民用和国防需求之间的积极互动。这些要素都有，且比较密集，问题是要增加互动，增加浓度。

为了增加浓度，我提几个问题来进行讨论——

第一，要有吸引人们为之工作的世界级问题。

中国很多大公司，包括腾讯在内，在硅谷都有实验室，很多人才也从硅谷来。既然有了硅谷，为什么还要再造一个中国的大湾区？把硅谷创新应用到中国来不就行了吗？回答这个问题，要讲清楚一点，那就是对我们这个世界来说，现有最好的科技也还是不够好。

第一个问题，工业革命以来，最发达国家中十多亿人口过上的现代化好日子，能不能让全人类都过上？这个问题还没有得到回答。电发明了 200 年，现在全世界用不上电的人口还有 12 亿—15 亿，现在哪样创新能离开电？和电无缘就意味着和所有创新无缘。这是一个没有完全解决的问题。

第二个问题更有挑战性，如果几十亿人口都过上高度现代化国家的生活，在现有技术条件下，资源能不能承受，环境能不能承受？

中国这 30 多年的发展，在第一个问题上交了一张不错的答卷，中国无电人口在所有发展中国家是最少的。而更多人口快速与互联网结缘，更让世界瞩目。北京大学有一个扶贫点在云南弥渡县的山区里，我去访问过，那里穷、落后，脱贫压力大，但是有电，多数村民用上了手机，不少人用微信。中国的经验让世界对把大多数人口卷入现代化有了更大的信心。

但第二个问题带来的挑战还是严峻：我们 13 亿人开始过上那几亿人过的好日子的时候，环境恶化程度相当惊人，资源压力很大。这就是一个世界级难题。我们需要更好的科技创新和社会变革才能解决这个世界级难题。因为有世界级难题，才需要新的世界级湾区，才需要汇集更了不起的力量，通过紧密的互动来回答这些问题。

过去的说法是，如果全球都过上欧洲人那样的生活，那么至少需要 3 个地球；如果全球都过上美国人那样的生活，那得要 5 个地球。这说明什么？说明即使现有的技术再先进、再厉害，对于解决这样的世界级经济问题都是远远不够的，还需要不断探索。而中国作为之前普遍贫困的国家，我们对于“让更多人口享受现代生活”的愿望可能比很多发达国家来得更加强烈，也应该承担这样的使命。这对于打造世界级湾区是蛮重要的。

第二，打造世界级湾区，要特别注意告别追赶思维。

深圳为什么厉害？因为它不使用追赶思维。当年邓小平对深圳用的是突围思维。国家已经无路可走了，怎么办？不奋力搏一把，大胆闯一下、试一下，就完全没希望。深圳不是做好一套计划再实施的，邓小平讲的是杀出一条血路，让解决问题的办法、人才冒出来。香港从当年的一群小岛变成世界的金融、贸易中心，不是按计划经济的思维发展起来的，不是按指到哪儿打到哪儿的思维发展起来的。所以，港深之间有一个最重要的特点，这两个地方成为今天在世界上引人瞩目的城市和城市群，是探索和敢闯的结果。

要打造世界级湾区，探索和敢闯比什么都重要。我们做事情当然要有计划，但很多事情不按计划发生，也会超出计划。追赶思维就是目标明确，人家有多少吨钢我们搞多少吨钢，人家有原子弹我们也搞原子弹。那很必要，因为落后了还不追赶，只能永远落后。但是，如果永远只有追赶思维，就不可能走到前列去，因为“前列”对于未来的路一无所知。

习近平讲到创新的时候，说中国已经到了跟跑、并跑和领跑并存的阶段。[①] 作为粤港澳湾区，更多的是要考虑怎么从并跑向领跑发展，要从这个制高点出发来讨论体制。与整个中国相比，这两个地方都有体制上的优势。如果你去过东北、西北地区再到深圳，你就会感觉到尽管这些地方同属一个中国，但也有一些不同，尤其是人们的想法和行为。

但这也并不意味着我们这个体制对打造一个世界级湾区已经完全做好了准备。要改的东西还有不少，例如行政主导、权力驱动配置资源，以及体制成本越来越高。在打造世界级湾区的时候，必须坚定不移地深化改革。

最后，要特别强调的是，所有要素齐了以后要增加浓度，要增加互动。

---

① 习近平指引科技创新路［EB/OL］.（2016–02–16）. http://news.xinhuanet.com/politics/2016-02/16/c_1118049631.htm.

从这个角度看，香港金融、深圳创新、东莞制造之间，互动是有的，但还不够。成功的例子都是互动的结果，没有一个企业成功的案例是孤立成事的，相反都是集合了湾区的所有长处才成功的。比如腾讯，在深圳大学边上创办，上市在香港，而微信在广州，都不限于一个狭小的行政区划之内。

大疆董事长李泽湘教授在香港科技大学执教，因学生做毕业项目而到深圳做成了世界级的公司。这些点已经有了，但是还远远不够，今后就是要增加这些点之间的互动。

请允许我借用这个湾区所有人都听得懂的一个比喻来讨论这个问题——创新就是煲一锅汤。煲汤首先要有优质材料，这些材料不完全在锅里产生，要在全世界找。正如在旧金山湾区工作的人不是旧金山地区的人，将来在粤港澳大湾区工作的人一定也是从全世界挑的，这里的大学招生一定是面向全世界的，这里的科研机构引进的人才一定也是面向全世界的。有了好食材还不够，放在一起也不够，还要长时间文火慢慢煲。“煲”这个字很关键，要有持续的温度，火不能断，要持续，这样才能让所有进了锅的优质食材彼此作用，充分互动，充分融合，直到浑然一体。

创新是时代的要求，也是时代的机遇，要在粤港澳大湾区煲一锅创新驱动增长的浓汤，以此来完成中国经济发展下一阶段应该承担的使命。

为创新确权——饼的分法决定饼的大小[①]

薛兆丰（北京大学国家发展研究院教授、法律经济学研究中心联席主任，信息社会 50 人论坛成员）

经济增长源自创新，而高校科研是创新的源头之一。2016 年，我和周其仁老师一道，跟随投资家王煜全先生，与北京大学国家发展研究院的学生组团到美国，调研其高科技企业与科技创新机制。扑面而来的感受，是美国的创新活动生机勃勃。作为经济学人，我们推测其背后必定有制度上的原因。

在斯坦福大学，我们请著名华裔物理学家张守晟给学生们做讲座。张守晟在学界地位很高，除了诺贝尔物理学奖，物理学领

---

① 2016 年 9 月 24 日下午，北京大学国家发展研究院和北京大学法律经济学研究中心联合举办研讨会，讨论创新驱动发展与高校科研人员激励机制改革问题。本文根据薛兆丰的开场演讲整理成文，初刊于 2016 年 10 月 24 日《经济观察报》的《观察家》栏目。

域的顶级大奖他都获得过。他本人既做科研，又做投资。学生们问他怎么分配时间，他回答说，100% 的时间做科研，100% 的时间做投资。他这么强调了两次，意味着斯坦福大学对教授做科研与投资管得比较宽松，制度上没有那么多硬约束。

后来我们到麻省理工学院交流，也发现很多教授既在学校做科研、带学生、申请专利，又在创新企业中任兼职、从事商业，也申请专利。我们向麻省理工学院的教授询问学校背后的制度安排，他们自嘲说，没有斯坦福大学那么大方，学校有一个 4：1 的规定，即教授每周至少要有 4 天为学校工作，而在外兼职的时间不能超过 1 天，每年都要申报核查。话虽如此，脑力劳动有别于体力劳动，在为学校工作的 4 天里苦思冥想，等到第 5 天到企业里和盘托出，也是很难监督的事情，可见学校的管理也只是形式上的管理。

高校教授能在科研与商业之间比较自由地穿梭，与美国 1980 年推出的《拜杜法案》有关。《拜杜法案》是美国关于科技创新领域的一套核心知识产权法律制度安排。这个法案的大意是联邦政府资助的研究成果，所有权归联邦政府，但允许做科研的研究机构或学者获得商业开发权和商业开发所赚得的利润。

除了《拜杜法案》，美国在科技创新方面还有一系列的知识产权法律，包括同样在 1980 年签署的《史蒂文森 – 怀特勒创新法案》，它后来再变为《联邦技术转换法案》。这套法案明确规定，在联邦政府的钱投入一定程度后，就必须成立有专职人员负责的技术转换办公室，负责实验室研究成果的商业转换。这些法律和规定，都在联邦政府的国家高度对发明创造的产权做了比较妥善的界定，从而极大地推动了科技的商业转化活动。

相比之下，中国相关的规定还不够完善，许多科研投入被用来生产无用的论文，而许多有潜在实用价值的发明创造又被束之高阁；许多资源被浪费掉了，而一些勇于探索技术转化的学者则有可能陷入了法律的羁绊。

现象与制度安排分不开。归根结底，就是如下两大问题。一是知识产权归属问题——把石头交给不同的人，石头就有了不同的命运，它可能还是石头，也可能被雕琢成了玉。二是商业利益分配问题——利益分配的方式不同，大家努力的方向也就不同。若按发表论文的篇数来奖励，那大家就努力发表论文；若按商业转化后的实际收益分成，那大家就会在应用方面下功夫。

人们常说既要把饼做大，也要把饼分匀。此话听来入耳。它是在说，做饼在前，分饼在后，两者相对独立，前者不受后者影响。然而，事实是相反的。不容易入耳的逻辑是：前者由后者决定，是后发生的事情决定了先发生的事情，是饼的分法决定了饼的大小。

这是因为人对未来的预期决定人当下的行为。比如，中国30多年前的改革开放就是从农村土地的确权开始的。虽然所有权还是集体的，但农民可以承包，收益与国家和集体分成。一旦农民预见了自己未来的收益，就会努力把土地的收成和价值提上去。

有形的土地确权，走了 30 多年的路，释放了巨大的能量。我们今天对付经济下行，要靠创新来谋增长，就得为无形的想法确权。为创新确权，确得好，就会释放出比土地确权大得多的能量。

但是，给想法确权，即给知识产权确权，是一件很不容易的事情，学术界和实业界都有大量的讨论和实践。粗略地概括，针对“知识产权归属”和“商业利益分配”两大问题，分别有两大流派在比拼。

关于知识产权归属问题，一派可简单地称为“投入派”。这一派基本上认为谁投入就归谁所有。这看上去比较符合习俗，比较公正，也比较容易执行。比如，政府给了资助，大学提供了资源，领导发了工资并委派了任务，在这些基础上做出的发明创造，就归投入者和委派者所有。另一派可称为“产出派”，它更富于想象，看似违反常理，但其实更符合人的行为规律，那就是谁能把想法用得最好，让它产生最大的效益，这发明创造和知识产权就归谁所有。《拜杜法案》其实就是遵循这个原则制定的：虽说专利是在政府资助下产生的，但专利攥在政府手里，发挥的价值实在有限，不如把其商业开发权“送”给发明人。只要它能带来溢出效应，造福社会，也不枉纳税人的血汗钱，不辜负政府的厚望了。

类似地，在商业利益分配问题上也分成两派。一派可称为“资本派”，它强调资金和设备的重要性，在分配中向提供资金和设备的一方倾斜，甚至认为给发明人发工资就行了，剩下的归资金和设备的提供者所有；另一派可称为“知识派”，它强调直觉、远见、经验、判断和毅力等企业家精神的重要性，在分配中向提供知识资源的一方倾斜，甚至认为给资金和设备的提供者固定的回报就行了，剩下的都归企业家所有。

这就是法律和经济学应该互相配合的原因。我们不仅仅要关心“法律是什么”的问题，深究法条之间如何传承、如何衔接、如何阐释、如何执行等技术细节，还要看到其更大的背景，讨论“法律应该如何”的问题，掂量我们究竟是要仅仅盯住把饼分匀，还是要放眼未来，旨在把饼做大。

恰如其分地为想法确权、为利润分成，是可以把饼做大上千倍、上万倍的。我们究竟是选择一条以“把饼分匀”为宗旨的法律路径，还是选择一条以“把饼做大”为宗旨的法律路径，取决于我们对那块无限巨大却还未实现的饼的想象力度。

分享经济不需要政府监管[①]

张维迎

我们今天开的这个“分享经济”的会其实也是一个知识分享，我们特别荣幸请到了几位重量级的嘉宾，国内当前分享经济领域做得最成功、最有影响力的一些年轻的企业家，包括滴滴出行、小猪短租、果壳网、回家吃饭、ETCP 停车（一款提供停车费自动支付服务的手机软件）等公司的掌门人。

我今天就讲一个观点：分享经济不需要政府监管，或者基本上不需要政府监管。分享经济虽然现在很流行，但它其实不是一个新现象，人类自古以来就有分享经济。记得我在农村的时候，

① 本文根据张维迎于 2016 年 11 月 20 日在北京大学市场与网络经济研究中心等单位组织的“分享经济：模式、趋势与监管”论坛上的发言整理而成。

我家有一个石磨，邻居家都没有，他们要磨面的时候要跟我家预约；同时，邻居家有张饸饹床（压饸饹的工具），我家却没有，我家要用的话也要跟他家借用。

分享经济就是所有者和使用者并不是同一个人。我们现在讲的分享经济跟传统的分享经济不太一样，归结起来有以下几个特点。

第一，现在的分享经济是陌生人之间的分享。传统的分享经济是熟人之间的分享，在一个村里，大家都互相认识，分享一个东西并不难。现在的分享经济，在全国范围内分享，在全世界范围内分享，所以分享的范围特别大，创造的价值也特别大，同时分享者之间完全不认识，这就带来了一些新的问题，陌生人之间最重要的问题就是怎么建立信任。当然这也是市场经济交易的一个典型特点，市场经济本来就是陌生人之间的一种合作方式。

第二，现在的分享经济不是所有者和使用者一对一的交易，而是通过网络平台建立的一种交易方式。我们在座的几位企业家，他们所在的公司其实都是一个平台，如何通过平台让服务的提供者和服务的使用者联系起来，对我们理解分享经济非常重要。

第三，现在的分享经济可以说是企业家精神的产物。传统的分享经济是在习惯中自然而然形成的，并不是一种赢利模式。而现在的分享经济是企业家创造的，包括我们台上的几位企业家，他们发现有这样的市场需求，就提供这样的市场供给。按照我对企业家功能的概括，可以说这是一种套利行为，看到有可赚钱的机会就抓住，但要实现这种套利必须进行创新，所以这种行为是套利和创新的结合。比如网约车，我们看到有那么多闲置的车辆，又有那么多人需要这种车辆的服务，怎么把两者连接起来呢？传统的方式可能行不通，要使用一种创新的方式，也就是新的商业模式。

第四，现在的分享经济是一种商业活动、赢利行为，而不仅仅是相互帮助。所谓商业活动，就是一定可以赚钱的活动，当然你最后能不能赚到钱取决于你做得如何，不是所有可赚钱的活动你去做都能够赚钱。

现在的分享经济之所以成为可能，是因为我们有了新的技术，特别是互联网技术、移动互联网技术，没有这些技术的话我们能分享的范围就会非常小、能分享的程度就会非常低。

分享经济有两个核心问题，这两个核心问题也是我们所有商业活动的核心问题。第一个问题是你怎么创造价值，第二个问题是你怎么分配价值。这就是我们通常理解的商业模式。不论什么商业活动，价值最终都来自接受服务的客户，来自你解决了客户的问题。好比你是汽车生产商，汽车的价值一定来自使用汽车的人。同样，分享经济的所有价值也来自使用这种分享服务的人。但现在的服务不一样，谁是客户，谁不是客户，已经不是能够清楚界定的了。有时候在分享中我们同时既为生产者，又为消费者，相互都可以成为客户。但无论如何，最后一定要为客户创造出额外的价值，好比当我去用一个网约车的时候，只有这个网约车给我带来的价值不小于我自己开车或者我乘坐公共交通工具得到服务的价值，我才愿意使用。再进一步讲，所谓的分享，本质上都是时间的分享，所以分享经济的价值就是时间的价值。我们现在可以把时间切割成更小的单位，这在过去是做不到的。以前没有现在的技术，我们一天可能就做一件事，现在我们一天可以做很多事，因为现代技术帮助我们对时间进行切割，让每一分钟都发挥最大的价值，这就是分享经济的价值来源。

一个商业活动创造了价值，怎么分配这个价值呢？如果没有一个合适的商业模式分配这个价值的话，这个价值就难以创造出来，这就涉及分享经济的收费模式。在座的几位企业家各有各的收费模式。不论创造价值还是分配价值，都是企业家要着想的事情，对于怎么收费、怎么分享可能不存在一个统一的模式，各个业态不一样，它们的分享模式也不一样，我觉得这是需要企业家自己去创造的。你创造了能够实现盈利的商业模式，就有了生存的能力，但这不是说你现在就可以赚钱。任何一种创新行为，一开始都是亏损的，只有到一定的时间才能赚钱。我相信我们在座几位企业家经营的企业，现在应该都处于亏损状态。最终创造的价值要由客户来付钱，在客户没付钱之前要由投资人来垫钱，现在他们拿到的钱都是投资人垫的钱，投资人能不能拿回资金现在还不知道，要通过市场的检验。所以分享经济跟其他商业模式一样，只有在市场中经过竞争之后最后生存下来的、具有赢利能力的才能够变成一个好的商业模式。

现在回到我要讲的主题：监管问题。我们看到很多行业都设置了很多监管部门，监管的产生有三个原因。一是监管的人要设租或寻租，要创造自己的权力租金，这是很多国家监管的重要原因。二是要保护既得利益者的利益。以网约车为例，传统的出租车行业就是既得利益者，需要保护。出租车行业的监管历史始于英国，最初为了保护马车夫的利益而限制出租车的数量，但出租车司机后来发现这是很好的事情，因为监管限制了竞争，这样出租车行业自身就成为既得利益者，这一点在今天看来非常清楚。2016 年 10 月我在北京大学国家发展研究院召开的关于网约车的研讨会上发表了言论，第二天就有几十个出租车公司联名向北京大学告我，我很惊讶，我没批评它们，我只批评了政府监管部门，结果出租车公司告我。我现在要提出的一点警告是，从前面我讲的出租车的监管过程可以看出，如果政府对网约车进行监管的话，未来网约车公司就可以变成既得利益者，这是我们要防止的。因为一种监管一旦形成，就会变成防止新竞争者加入的屏障，被监管者就会和监管者“合谋”起来。也就是说，一旦你受到监管，你就和监管者变成同一条战线上的战友了。三是我们不了解市场机制，特别是没有认识到市场声誉机制的作用。

分享经济对监管的需求非常低，几乎不需要。为什么这么说呢？我前面讲到分享经济的一个特点，即所有的分享活动都依附在某个网络平台上，如滴滴出行、小猪短租、果壳网等，每个平台都是一个信息平台，信息平台拥有了供需双方所有相关的信息，自身就可以成为一个很好的监管者。就是说，每一个 App（手机软件）都是一个监管者。

大家又会问，谁来监管 App？就靠市场的声誉机制。为什么市场声誉机制可以起作用？因为每一个 App 都要对所有网络平台供应商的行为承担连带责任。以滴滴出行为例，它是一个平台，加入这个平台的司机如果表现不好，就会影响它的生意，甚至影响它未来的生存，所以平台对每一个平台上的司机提供的服务负有连带责任。

假如你投资了 10 亿元，开发了一个网约车的 App，一定是想赚钱的。怎么赚钱呢？一定要有司机愿意加入你的平台。他们为什么愿意加入呢？一定是因为有人愿意为他们提供的服务付费。再进一步想，用户为什么愿意在你的平台上寻找服务呢？一是因为你靠得住，我需要车的时候有保障，无论我是要预约车送我去机场，还是临时叫车，我都不会担心你平台上的司机放鸽子；二是因为你平台上提供的车比较安全，我不会被人偷、被人抢，更不会被人杀了。当然还有其他的一些因素，但我认为这两个因素是最重要的，一是靠得住，二是安全。假如你平台上的司机不能够提供这样靠得住和安全的服务，我约了车，他说不来就不来了，我以后就不用你的平台了，或者我听到有人坐你平台上的车的时候被抢劫了，我也不会用你的平台了，你的 10 亿元投资就全泡汤了。所以，要使 10 亿元的投资能够有回报，你就必须保证每个在你的平台上提供服务的司机都是合格的。你要考察他，他不仅要会开车，还要是个好司机，是个安全的司机；你还要看他的车况是不是良好，如果他的车随时会在路上抛锚或爆炸，你不会允许他加入。你要有一整套的办法，保证每一个客户坐在你平台上的车中是安全的，能及时使用你的平台。网约车平台就像一个总承包商：你坐我这里的车绝对安全，如果有问题我赔你。这就是我说的声誉机制。

有了这样的声誉机制之后，就没有必要再由政府直接去监管它们了。这就是为什么分享经济对监管的需求更低，这和过去个人司机提供服务大不一样。个人司机在大街上载客，他挂一个出租车的牌子，别人并不知道他怎么回事，所以就需要政府给一个说法。我觉得网约车平台根本不需要政府监管。当然，这是有前提条件的。

欧椋鸟是一种飞得非常快的鸟，如果两只鸟撞在一起一定会撞死，但它们不会相互碰撞，成千上万只欧椋鸟也可以一起飞行，因为一只鸟只管自己，它的基因规定了自己的行为规则，如它和其他的同类鸟必须保持一定的距离，距离太近的话就会马上调整。所以它们飞行的边界很清楚，边界之内鸟的密度都是一样的，边界之外没有一只鸟，这些整体表现都是由局部规则支配的。

我们刚才讲的网络平台或者市场机制的基因是什么？就是声誉机制：每个人都在乎自己的长远利益，或者说每个人都愿意为自己的长远利益而牺牲眼前利益。只要有这样的基因，也就是说每一个平台、每一个生产厂家都关心自己的长远利益，市场就会比较有序，根本不需要政府监管。

但是，要使得每一家企业都关心自己的长远利益，或者有积极性建立一个良好的声誉，有三个重要的条件。一是私有产权能得到有效保护，包括知识产权。只有在产权得到有效保护的情况下，当事人才会有长远的考虑，才不会为了眼前的蝇头小利牺牲长远利益。二是每个行业必须允许自由进入，做得不好就会被淘汰。如果一个行业被政府保护起来了，不让其他竞争者进入了，一旦进入就高枕无忧了，那进入者以后的压力就很小了。我想在座的几家平台完全是自由竞争的，所以它们有积极性做好。三是政府具有有限的自由裁量权，政府的监管都是建立在法治规则的基础上，而不是任意的。如果监管部门有太大的自由裁量权，企业就一定会有短期行为。比如网约车，我今天可以提供服务，如果三个月以后政府说不行了，那我现在就只看短期利益。在座的其他公司也面临这样的问题。

有了这三个条件，企业就有了声誉机制的基因，市场就会有序运行，不需要政府专门监管。监管就是给每个人戴上一副眼罩，使你看不清方向，再把你的手脚捆绑起来，然后监管者再给你不断地发出一个个指令，让你往左或者往右。如果欧椋鸟不具有一种自我行为的规则，而是靠别人指挥，让它们往右飞大家都往右，好多鸟就会撞死了。有人会说我们的指挥系统要进一步加强，所以要派更多的指挥官继续进行指挥，最终结果是所有的鸟都死掉了。

发展硬实力，提升软实力——中国持续发展必要的战略举措

杨壮 （北京大学国家发展研究院教授、国家发展研究院BiMBA商学院联席院长）

硬实力和软实力是哈佛大学教授约瑟夫·奈在20世纪90年代提出的概念。硬实力是指一个国家的GDP、经济力量、科技力量、军事力量、资本力量、外汇储备、土地资源、人口资源、自然资源等。软实力的指标包括民族凝聚力、主流价值观、国民综合素质、政治外交领导力、发展模式吸引力、文化厚度和输出、法治程度、教育影响力、品牌影响力、媒体诚信率、创新能力。

改革开放30多年，中国经济迅猛发展，GDP平均年增长率为7%—8%，已经发展成为世界第二大经济体。2015年英国《经济学人》公布的世界GDP排名前10位的国家依次是：美国、中国、日本、德国、法国、英国、巴西、印度、俄罗斯、意大利。

中国成为世界第二大经济体的另一个重要标志是中国企业规模在不断壮大。《财富》杂志近期发布了世界 500 强 2016 年排行榜最新榜单，中国上榜公司数量继续增长到 110 家，占总数的 1/5 以上。其中，国家电网排名第 2，中国石油排名第 3，中国石化排名第 4，中国工商银行排名第 15，中国建设银行排名第 22，中建总公司排名第 27，中国农业银行排名第 29，中国银行排名第 35，中国平安排名第 41，中国移动排名第 45，上海汽车排名第 46，等等。

如果说硬实力是国家、民族、企业崛起的支柱和必要条件，软实力则应是保障国家、民族、企业持续发展的土壤和充分条件。硬实力和软实力的完美结合就是强实力。

英国《经济学人》在 2015 年公布了世界软实力前 30 名国家，排名前 10 位的国家依次是：英国、德国、美国、法国、加拿大、澳大利亚、瑞士、日本、瑞典、荷兰。中国有幸入围，排在第 30 名。2016 年，中国的位置上升两位，排在第 28 名。

英国软实力排名第一不是没有原因的。我曾带学生于 2016 年 10 月到英国游学，时刻感受到这个曾经被称为“日不落帝国”的国家文化软实力的魅力。

英语已经发展成为一种国际语言，在传播英国软实力影响力上起到了举足轻重的作用。在过去 1 000 多年的历史长河中，英国人对现代经济、工业、文化、教育的奉献功不可没：从经济到法律，从文学到艺术，从教育到创新，英国人都参与了规则的制定，包括金融制度、保险体系、交通规则、法律体系、陪审团制度、公司治理制度等。

1215年制定的《大宪章》为英国后来发展成型的君主立宪制体系奠定了根基。英国超级文豪莎士比亚的戏剧，狄更斯、奥斯汀的小说，大英博物馆、国家美术馆的魅力，伦敦西区歌舞剧的诞生——《歌剧魅影》《悲惨世界》《妈妈咪呀》《音乐之声》等曲目经久不衰、令人百看不厌，给世人带来了精神的愉悦。

英国也是现代网球与高尔夫球的发源地。在教育理念与实践方面，伊顿公学、牛津大学、剑桥大学、帝国理工学院等学校创造了独特有效的寄宿制和独立学院制，培养了世界一流的科学家和哲学家：牛顿、瓦特、达尔文、凯恩斯、霍金、罗素等。剑桥大学迄今为止有92位教授获得诺贝尔奖，加上本科毕业于剑桥大学、2016年在美国获奖的3位物理学家，剑桥大学已经有95位诺贝尔奖获得者。

20世纪80年代后期我在哥伦比亚大学撰写博士论文期间，正值日本经济实力迅速崛起之时，“日本第一”的口号响彻全球，日本企业制造竞争力所向披靡，日本企业在美国疯狂并购企业，购买大楼，建厂合资。

日本国家和企业的软实力，特别是其语言、历史、文化、饮食、管理模式也伴随日本经济实力的增强在世界渗透其影响力。

20 世纪 90 年代韩国经济崛起之后，韩国政府成立了国家软实力办公室，把韩国精神、管理模式、文化艺术、国际人才推向世界。

随着中国经济实力的增长，世界不仅关注中国的资本力量（硬实力），也开始对中国的软实力表现出浓厚的兴趣。中国的汉语、中医拔罐、针灸推拿、太极拳、武术气功、传统绘画、古典哲学思想如《孙子兵法》《道德经》等精品国粹受到越来越多外国人的青睐。今天中国已经成为世界第二大留学生前往的国家（美国第一），超过了英国。清华大学的苏世民学院、北京大学的燕京学堂、北京大学国家发展研究院承办的南南合作与发展学院吸引了来自世界各地的精英学者前来探索中国成功的秘诀。中华民族的崛起成为大势所趋。

但是，中国世界第二大经济体的地位迫切需要中国在世界上施加比现在更大的软实力影响力。特别是在中国加入世界贸易组织、企业走出国门与世界融为一体的今天，中国人的行为、品格和中国经理人的一举一动都会给世人带来正面或负面的影响。

中国的软实力，特别是国民素质、文化修养、教育创新、艺术质量、社会共识、核心价值、诚信守法、制度变革等方面，还有待急剧发展提升。我尤其关注三个领域里中国社会和组织面临的软实力挑战：

第一，要建立共同的价值观。中国文化博大精深，有 5 000 年的历史传承，但是今天中国社会在重大问题上缺乏共识，政府、学校、企业、医院缺失共享价值观。

价值观基于人的基本常识和人类社会发展的基本规律，比如，真诚、善良、美誉（真善美）；敬天爱人，心灵纯洁；己所不欲，勿施于人；公正公平、阳光透明；诚信守则、反对欺诈。价值观是选择的排序。在中国，令人匪夷所思的是，政府、大学、医院、国有企业、中央企业、民营企业、跨国公司在重大价值观选择排序上十分不同，这在世界发展史上实属罕见。在中国已经纳入世界村、中国企业在世界并购浪潮中风起云涌的今天，要想在世界上获得更多的朋友，得到世人的尊重，国家、社会、企业必须弘扬正能量，宣传真善美、致良知，遵守承诺，知行合一。在变革时代，政府、学校、企业不仅要有效地做事，更要做正确的事。

第二，国民素质与中国的教育质量有密切的关系。让学生为考试而学习的中考、高考制度在互联网时代无法激发出年轻人的梦想和好奇心，很难培养年轻人独立的人格特质。中小学的重点放在升学率上，却忽视了学生的社会人文和品格教育。美国教育家杜威和他的学生陶行知的教育思想十分重视孩子教育的道德属性，强调“儿童而不是老师”是教育的中心。陶行知结合中国国情，提出了“生活即教育”“社会即学校”“教学做合一”等知行合一的教育理论。

针对中国优秀人才缺失问题，科学家钱学森生前问：“为什么我们的学校总是培养不出杰出的人才？”钱老的问题给中国的教育家出了一道深层次的难题。大学教育的目的究竟是什么？大学办学的理念应该是什么？我们的教育通常让大学生勇于解决问题，不善于提出问题；擅长记住公式，很难做出原创。近年来中国大学教育出现的行政化、政治化趋势，更让大学没有能力培育激发教授和学生独立思考、独立思辨的人文土壤。

第三，中国企业和企业家需要弘扬企业家精神，要有使命感，更要有全球视野，敢于创新，勇于创新，敢为天下先。企业家必须坚持“富贵不能淫，贫贱不能移，威武不能屈”！在国外从事企业并购，要有法律意识，更要有道德底线，诚实守信，不卖假货，团队凝聚，包容共赢。德国西门子创始人西门子在创办公司时说过一句名言：西门子绝对不为公司的短期利益牺牲公司的未来。中国企业国际化，不能为了短期利益而失去公司的信誉。

企业必须尊重契约精神，遵守当地法律，不能随意撕毁契约合同，造成当地人对中国企业的不信任。中国企业家要提升自身的自我认知能力、国际视野和全球领导力。同时，也要建立与时俱进的公司治理体系、权力约束机制、奖惩激励机制。没有约束的权力势必导致腐败。绝对的权力导致绝对的腐败。没有激励的组织，在互联网时代不可能激励优秀员工和经理为公司的最大和长远利益奋斗。特别是大型国有企业，在战略、文化、激励、架构和运营等领域都要尽快开展深层次的组织变革和管理创新。

期待中国企业在不断持续发展硬实力的同时迅速增强软实力

和影响力。在全球市场中，不仅要把企业做大，更要把企业做强；不仅要赢利，更要持续发展；不仅要满足股东的利益，更要对员工和社会文明做出奉献。对于已经进入世界500强的企业，希望能够在质量上不断更新，持续进步，更希望看到更多的500强企业向华为学习，成为品牌企业，受到世人尊重。真正受到世人尊重的中国企业一定是既有硬实力，更有软实力的企业。硬实力和软实力构成企业的核心竞争力。盼望更多持有世界级品牌的中国企业在全球竞争市场中诞生！

第三章

谁是创造未来的领导者

知识的本质与企业家精神①

张维迎

一家优秀的企业和一家平庸的企业差距有多大？不会超过5%，我深信比这个数字还要小。这听上去有点儿危言耸听，其实并不奇怪，人类和黑猩猩的基因差距不超过2%，人类和大部分哺乳动物的基因差距也不超过5%。但正是这个小小的差距决定了人类是这个地球的统治者，而其他哺乳动物不是。

对于企业来说，这种小小的差距使得有的企业成功、有的企业失败。这种差距究竟是什么？我认为最重要的就是企业家精神的差距。企业家精神是1，其他要素是0。没有了这个1，

① 本文根据张维迎在2017级北京大学国家发展研究院EMBA开学典礼的演讲整理而成，经张维迎修订，2017年5月8日首发于《经济观察报》。

再多的 0 也没有用。

要理解这一点，我们就要谈到知识的本质。

在 20 世纪 30 年代有关社会主义计划经济的大争论中，哈耶克对知识的本质有过深刻的阐述。他把知识简单地分为两类：硬知识和软知识。硬知识是指能用诸如语言、文字、数字、图表、公式等方式表达和传播的知识。此种知识人人都能得到，也可以集中使用，如牛顿的万有引力定律、爱因斯坦的相对论。软知识是指无法用语言、文字、数字、图表、公式等方式表达和传播的知识，比如诀窍，只可意会，不可言传。老子讲“道可道，非常道；名可名，非常名”，即是此意。迈克·博兰尼将知识分为显性知识和默性知识，硬知识就是显性知识，软知识就是默性知识。

软知识的基本特点是无法进行有效传递，但它对决策来说非常重要，特别是对创造性的决策非常重要。迈克·博兰尼认为，默性知识是所有知识的支配原则，甚至最形式化的与科学化的知识也无一例外地遵循某种自觉或创造行为，体现的完全是默性知识。比如，牛顿的万有引力定律和爱因斯坦的相对论都是硬知识，但为什么是牛顿和爱因斯坦而不是其他人发现了这些硬知识？因为他们具有其他人不具备的默性知识。牛顿是如何发现万有引力定律的？爱因斯坦又是如何发现相对论的？我们不知道，他们也无法给我们讲清楚。

企业家和管理者之间有什么差别？简单地说就是他们制定决

策所基于的知识不太一样。企业家决策主要靠软知识，管理者决策主要靠硬知识。经济学和大部分管理学里讨论的决策都是基于硬知识的决策：给定目标和可选手段，如何选择特定的手段满足给定的目标？这跟真正的企业家决策相距甚远。真正的企业家决策不是选择手段满足给定目标，而是寻找可选择的目标和手段本身。企业家精神的高低很大程度上取决于这些选择能力的高低。换句话说，管理者使用工具，企业家创造工具；管理者实现目标，企业家创造目标。

从决策的角度来说，如果手段和目标是给定的，并且是相同的，那么在同样的数据下，所有理性人都会做出相同的选择。就像我们考试，给定条件，每道题目的标准答案只有一个，如果你跟别人给出的答案不一样，要么是你错了，要么是别人错了。但企业家决策时，恰恰是基于同样的数据和硬知识，不同人做出的选择完全不一样，你不能说谁对谁错，甚至可能多数人觉得对的，反而是错的。

为什么？因为企业家决策不仅取决于数据、硬知识，更依赖于软知识，个人对市场前景、技术前景和资源可获得性的想象力、感知、判断力，而判断力不是计算出来的。企业家决策类似于科学家的发现，不同于所谓的“科学决策”。

企业家精神是超越数据的。有人认为大数据的出现可能会使计划经济重新变得可行，这完全是错误的。为什么？硬知识和数据尽管对企业家非常有用，企业家决策时确实也需要数据，但这些数据是谁都可以得到的，真正的企业家精神一定是超越这些知识和数据的，也超越我们现在讲的大数据。仅仅基于数据的决策只是科学决策，不是企业家决策。企业家必须看到这些知识和数据背后的、一般人看不到的东西，而且不同企业家看到的东西可能完全不同。

传统经济学认为市场的主要功能是配置稀缺资源，假定资源、技术和偏好给定，然后根据目标去选择手段。实际上，市场最重要的功能不是配置资源，而是改变资源，用新技术、新产品、新组织形式来改变资源的可用程度，甚至获得全新的资源。这些改变就是我们讲的创新，社会的进步很大程度上是企业家创新带来的，这种创新不是数据（包括大数据）能提供的。

就创新而言，数据能提供的帮助是非常有限的。汽车出现之前有邮政马车，有关邮政马车运输业务的数据无法帮助卡尔·本茨、戴姆勒和迈巴赫去发明汽车，否则，发明汽车的就应该是马车夫，而不是他们了。比尔·盖茨创造软件产业，也不是基于已有的计算机数据，否则，创造软件产业的应该是 IBM，而不是比尔·盖茨了。同样，电信数据也不可能告诉马化腾去创造微信，否则发明微信的就应该是中国移动公司，而不是腾讯公司了。

所以，企业家的决策一定是超越数据的。

以计算机行业为例。自 1945 年 IBM 推出第一台商用计算机后，计算机经历了大型计算机、微型计算机、个人台式电脑、笔记本电脑、平板电脑到智能手机的多次颠覆式创新。但每一次的颠覆者都不是原来的计算机厂家。大型计算机的垄断者 IBM 错失了微型计算机市场；没有一家微型计算机公司最终发展为个人台式电脑的主要制造商；笔记本电脑则是日本企业索尼、夏普、东芝独领风骚。为什么？显然不是数据的原因，不是因为早前的主导企业占有的数据没有后来者多，也不是因为它们不关注客户需要，而是因为它们判断失误！这样的判断失误与数据的多少无关。

之所以如此，与我们经常讲的不确定性概念有关。不确定性意味着什么？基于过去无法预测未来，这就是我们需要企业家的原因，如果能用数据预测出未来就不需要企业家，只需要管理者，甚至机器人即可。企业家对未来的预测不是基于统计模型，不是基于计算，而是基于自己的心智、想象力、警觉性、自信心、判断和勇气。任何可以通过统计模型做出的决策，都不是企业家的职能，只是日常管理工作。所以，企业家的判断通常是常人不能理解的。产业革命时期，英国“钢铁大王”威尔金森在一片质疑声中建造第一艘铁船，被认为是个“铁疯子”，他写信给朋友说：“它符合我的一切期望，并且说服了那些不相信的人，这些人的数目是千分之九百九十九。”奇虎 360 的创始人周鸿祎曾说，在他的互联网生涯里，无论搞什么，一开始大家都不理解，都不屑，甚至嘲笑。几乎所有伟大的企业家都是被嘲笑过的，是被嘲笑出来的。

让我用一个有关冰的故事说明这一点。

今天，冰是很重要的消费品，在西方国家，你走进餐馆，服务员首先给你端上来的就是一杯放有冰块的水。但在古代，冰块是很稀罕的珍品，通常只有皇帝和达官显贵才能享受得起。冰是怎么变成大众消费品的？这就是 19 世纪上半叶一位名叫弗雷德里克·图德的美国企业家的创造。他于 1783 年出生于波士顿一个比较富有的家庭，父亲是律师。在他 17 岁那年，父亲让他带着他哥哥去加勒比海航行，他哥哥身体有残疾，北方太冷，希望南方温暖的气候能改善他哥哥的健康状况。但结果适得其反，热带酷暑和潮湿气候反而加速了哥哥的死亡。

这个灾难性的经历使得图德产生了一个非常激进的、听上去甚至有些荒谬的想法：如果他能把冰块从天寒地冻的北部运到西印度群岛的话，也许能够赚钱。哥哥去世两年后，他与弟弟和妹夫一块开始了这桩生意：把自家庄园附近湖水里毫无用途的冰块运到炎热的南方。1805 年 11 月，图德派兄弟威廉去马提尼克岛打前哨，自己买了一艘名为“至爱”号的双桅横帆船，开始收集冰块，筹备旅行。1806 年 2 月，他从波士顿启航，满载一船冰块驶向西印度群岛的马提尼克岛。花了三周时间，冰船到了马提尼克岛，但结果证明这是一次彻头彻尾的失败。弟弟威廉没能找到储存冰块的合适地点，冰块在急速融化，更大的麻烦是，马提尼克岛居民对来自异国的冷冻恩惠没有兴趣，他们根本不知道该拿冰做什么用。他亏了 4 500 美元。

这样惨淡的场面在此后几年不断重演，图德还遭遇过船难和海关禁运等一些灾难性事件。所有人都嘲笑他，《波士顿公报》报道说："这可不是开玩笑！"1813 年，他负债累累，还不了欠债，被债权人投入监狱。出狱后他又重整旗鼓，1815 年设法借到 2 100 美元，1816 年甚至以 40% 的利率借债 3 000 美元，建冰库，修改冰库的设计，并不断改进运输和储存中冰块的保存方式，以减缓冰块的融化速度，这涉及一系列的创新。他利用三种市场售价实际为零的物品——冰、木屑和驶向南方的空船，最终取得了生意上的成功。灵光乍现 15 年后，图德的冰块贸易开始赢利了。19 世纪 20 年代，他的冰库已遍布美国南部，里面堆满了来自新英格兰的冷冻水。19 世纪 30 年代，他的运冰商船远行至巴西的里约、西班牙的马德里，甚至印度的孟买。到 1864 年去世的时候，图德已积累了一大笔财富，价值超过今天的 2 亿美元，被称为"波士顿的冰王"。当然，后来模仿他的人越来越多，冰块贸易成了一个颇具规模的新产业。

冰变成商品还改变了美国的人口和政治地图，因为炎热潮湿的南方变得不再像之前那样令人难以忍受。冰块贸易还促进了冰箱的发明。发明冰箱的是佛罗里达州阿巴拉契科拉镇的一名医生，他原来用北方运来的冰给病人降温，但一次飓风导致的船难使得冰的供应中断。这名医生想着怎么能够造出冰给病人降温，结果就发明了制造冰块的冰箱。冰箱出现后，人造冰逐步取代了自然冰。冰可以保鲜，使得肉类食品的长途运输成为有利可图的事情，芝加哥在美国的地位改变了。

我举这个例子就是想说明什么是真正的企业家精神。如果非要对企业家精神做一个概括，我想强调以下几点：

第一是对赢利机会的警觉性。在别人看不到机会的地方能够看到机会，这是企业家与众不同之处。从北方去过加勒比海的人很多，但只有图德这样的企业家意识到把冰从北方运到南方能成为一种有利可图的生意。

第二是简单化。经济学家经常会被人批评想问题太简单，我认为企业家把问题想得更简单。这或许也是企业家和管理者之间的重要区别。管理者通常把问题想得复杂，企业家则把问题想得简单。恰恰因为把问题想得简单，他才能变成企业家，一个把问题想得很复杂的人不可能是企业家。简单化中包含很多道理，它能帮你抓住问题的本质，同时也给你解决问题的勇气。李书福为什么敢造汽车？就是因为他把造汽车想得很简单。他有两个著名的比喻：一个是，做汽车有什么难的，不就是把两辆摩托车并排放在一起吗？另一个是，汽车不就是把一个沙发放在四个轮子上吗？这就是他当时对汽车的认识。正是这个简单化的认识使他走上了制造汽车的“不归路”，成为中国最具影响力的民营汽车制造商。我曾听到多位企业家讲过这样的话：如果当初知道这么难，根本不会去创业!

第三是想象力。熊彼特说,创新就是一种新的组合,一种产品或技术从无到有一定是组合而来的。组合是什么?组合就是一种想象力。史蒂芬森把轨道马车和蒸汽机想象在一起就有了蒸汽火车。这里我引用奥古斯塔·埃达·洛夫莱斯夫人说的一段话,她是英国著名诗人拜伦的女儿,被称为"软件编程之母",她在1842年就说过:"想象力是什么?这是一种组合的能力,它可以采用新颖的、独特的、无限的、不断变化的方式将事物、事件、思想和概念组合起来……它可以洞察我们周围看不见的世界,那是科学世界。"大部分人什么时候想象力最丰富?睡觉的时候,所以才有梦想之说。对企业家来说,想象力是醒着的时候做的梦,非常重要。

第四是毅力和耐心。事情看起来简单,但是做起来没有那么简单,所有伟大的企业家没有不经历过失败的。弗雷德里克·图德因还不上欠款而坐牢;亨利·福特创业三次,前两次都失败了。如果没有坚强的毅力和很大的耐心,你不可能屡败屡战,成为一位成功的企业家。冯仑说"伟大是熬出来的",段永基说自己做企业最大的感受是"要硬撑着",表达的就是这个意思。

大家来到北京大学国家发展研究院学什么?

我必须坦率地承认,学校能教给你们的主要是硬知识,可以形式化的知识,不是决定企业家命运的软知识。但硬知识也非常重要,没有一个企业能只靠那5%的软知识活着,5%发挥得怎么样，还要看那 95% 的基础好不好。这有两个原因。第一个原因是，企业家也得承担一些管理职能。现实中没有一个企业家只履行纯企业家职能，尽管许多管理职能可以请别人代理，但还是有一些管理职能需要企业家自己承担，何况寻找到合适的代理人并监督他们的行为也需要一些企业家素质。第二个原因是，知识在水涨船高，一些软知识随着时间的推移慢慢变成硬知识，原来只可意会，不可言传的东西后来可以模型化，人人都能很快学会。有这些知识，你不一定成功，但没这些知识，你很难成功。特别是在今天这个知识经济的时代，如果别人有的知识你都没有，你不可能成为真正成功的企业家。并且，硬知识积累多了，如果能融会贯通，也有助于增长你的软知识，使你的企业家能力提高；即使你做企业家失败了，还有可能成为一个比较优秀的管理者。

哥伦布竖鸡蛋的故事大家都知道，他从美洲回来后，成了西班牙人民心目中的英雄，国王和王后也把他当作上宾，封他做海军上将。可是有些贵族瞧不起他，说："这有什么稀罕？上帝创造世界的时候，不是就创造了海西边的那块陆地了吗？只要坐船出海，谁都会发现那块陆地的！"在一次宴会上，哥伦布把一个鸡蛋放在桌子上，问谁能把它竖起来，许多人试了，但没有人成功。哥伦布把鸡蛋一头轻轻磕了一下，鸡蛋就竖起来了。这就是企业家精神。但以后你再用同样的方式把鸡蛋竖起来，就算不上企业家精神了。

企业家在经济发展中的作用不可替代[①]

张维迎

中国在市场与企业家精神方面的根基比较薄弱，需要我们更加珍惜和警醒。

企业家一定是少数人

讨论企业家精神，就要先讨论企业家。什么是企业家？我研究企业家 30 多年，我的第一篇关于企业家的文章发表在 1984 年 9 月的《读书》杂志上，但我今天也无法准确定义企业家。这可能恰恰就是企业家的一个本质：企业家就是不好琢磨的人。

① 本文根据 2016 年 9 月 21 日北京大学国家发展研究院金融管理博士论坛上张维迎的演讲整理而成。

我对企业家总体上有三个判断：一是企业家能看到别人没有看到的机会，对商机有独特的嗅觉；二是企业家能想到别人没有想到的办法，整合资源的能力非同一般；三是企业家能干成别人没有干成的事情，自己也从中获益。一般人更喜欢循规蹈矩，按既定方针办。这正是企业家与一般人的不同之处，也是企业家精神的内核。

当然，企业家精神比企业家的内涵更广。敢于冒险，喜欢挑战现状，能看到不同的机会、能想到办法并将其实现的人，都可以称为有企业家精神的人。比如，邓小平就可以称为政治企业家或制度企业家，北京大学的老校长蔡元培就可以称为教育企业家。我们身边还有不少社会企业家、公益企业家等。

如果再做延伸，我们每个人身上都有企业家精神，但不是每个人都能成为企业家。就像很多人喜欢唱歌，但只有少数人能成为歌唱家。

企业家精神的崛起对人类的发展特别重要

我们人类从古至今的发展几乎都可以理解为企业家精神的展现和发挥。10 万年前人类祖先走出非洲就是靠的企业家精神；后来一步步走向亚洲、美洲、欧洲，也是靠的企业家精神。今天的外来人口、海外移民，也是靠的企业家精神。

中国历史上第一个给企业家立传的人是司马迁，《史记·货殖列传》记录了 30 多位企业家，包括范蠡、子贡等。但在中国历史长河中，企业家精神是被压抑的，尤其受到科举制度和“重农抑商”政策的压抑，很多原本富有企业家精神的人也“学而优则仕”或“商而优则仕”。改革开放后，中国企业家精神才真正发挥出来。中国过去30多年改革开放就是企业家精神的崛起。

人类未来会怎样，我们都不好说，但比较清楚的是还要依靠企业家精神。这种企业家精神正如熊彼特所说，其本质是创新，尤其是破坏性创新、颠覆式创新。很多人把创新理解为科研，尤其是大公司或政府的科研，两者不能等同。一件事情如果用程序化的方式去解决就不再是创新了，负责人也不是企业家，而是管理者。

当然，企业家也分套利型企业家与创新型企业家。中国传统经济模式中有很多套利型企业家，他们并不是完全意义上的企业家。更符合企业家精神的应该是创新型企业家。中国今后的发展必须更多地依靠创新型企业家。

用市场的逻辑赚钱的才是真正的企业家

有人喜欢用狼性文化来诠释企业家精神，这容易让人产生误解，我更喜欢用的是企业家赚钱模式。古人讲“君子爱财，取之有道”，这个“道”就是为别人创造价值。如果你不能解决别人的问题，不能为别人创造价值，那你赚的钱就不是企业家应该赚的钱，你的行为也不是企业家行为。靠垄断或强盗逻辑赚钱的也不是企业家。

在真正的市场经济中，企业家赚钱的前提是给别人带来好处，而且他创造的价值超过他收取的费用，才能多出来一部分消费者剩余。简而言之就是他必须用市场的逻辑赚钱。从这一点来说，我们可以仇富，但不会仇视真正的企业家。如果你恨马云，最好的办法就是不用淘宝、天猫、支付宝。你为什么还要用，一定是这些东西给你带来的价值超过了你付出的成本。

企业家要用市场的逻辑赚钱，就要对人性有非常透彻的理解，这比做市场调研重要得多。苹果公司的很多产品不是通过市场调研出来的，而是通过琢磨人性设计出来的。很多人特别爱讲一个营销故事——把梳子卖给和尚，我就很不认同，这是利用人性的弱点而不是市场的逻辑赚钱，梳子显然不能给和尚带来增值服务。

企业家是无法替代的生产要素

如何看待和理解企业家？计划经济不讲企业家精神，也不讲企业家。西方主流经济学家也不太理解企业家，经济学教科书中也看不到企业家，经济学理论动不动就是人的偏好给定、技术给定，然后套一个模型，越来越形式化、数据化。事实上，能用模型套出来的就不是企业家行为，企业家行为是不可预测的。这是理论方面的一个后遗症。凯恩斯的 GDP 决定理论有三驾马车，但他在讲投资时也没讲具体由谁来投资——政府投资还是企业家投资？我们讲创新和技术进步对经济发展很重要，但很少讲谁创新，谁带来技术进步。在这方面，我们经济学家是有责任的。

我们讲经济增长离不开要素投入，但企业家这个要素跟别的要素不一样。别的要素是可以替代的，多一点资本，可以少一点劳动力，反之亦然，但企业家要素不可替代。企业家是1，没有这个1，后面的0没有用。

健康的市场才能促进企业家走正道

类似的误区同样存在于我们对市场本身的理解中。很多时候我们脑海里的市场是理论家、经济学家构造出来的市场，不是真正的市场。比如理论上常讲“完全竞争市场”——所有人以同样的成本，生产同样的商品，以同样的价格销售。这是市场吗？现实世界中的企业家就是要做和别人不一样的东西。如果我们对市场本身的理解都有问题，会得出很多错误的结论，会诱使政府的权力不断膨胀，控制我们生活的每个方面。

最后一点，也是我要强调的一点，企业家有两类：一类是生产型企业家，另一类是非生产型企业家。生产型企业家创造财富，非生产型企业家不创造财富，把别人的财富拿到自己的手里，甚至毁灭财富。如何使得生产型企业家兴旺起来，压缩非生产型企业家的用武之地，就变得非常重要。

要做到这一点，我们就要有很好的制度改革，特别是在私有产权保护和政府权力收缩方面。在政府支配很多资源的情况下，很多企业家都变成非生产型企业家，这些企业家赚钱不是因为他们生产了消费者喜欢的东西，不是因为他们解决了消费者的问题，而是利用政府的权力寻租。比如，政府投入很多钱支持创新项目，马上有人开公司帮别人做申请，编申请书，跑相关部门。这些人不是觉得哪个项目好就帮哪个项目申请，他们只是为了赚钱。其实哪个项目好只有市场能判断出来，任何个人或政府都是无法判断的。这种企业的行为就是反生产力行为。解决之道就是改革，就是政府减少对资源和权力的控制，把属于市场的还给市场，只有这样，企业家精神才是正道上的企业家精神，才能给社会真正带来好处。

激活自我，让知识为自我赋能[①]

陈春花

对于生活在信息时代的人来说，最大的挑战是怎么去甄别知识。很多时候我们得到或关注的不是知识本身，而是一个消息、信息、符号或没有任何意义却干扰我们的东西，这些是知识吗？

你能够甄别的知识，它所产生的价值是什么？对于知识时代，你如何准备？我号称知识工作者，大学毕业后就开始做老师，每年备课的时候，就算是同一门课，对它的理解和价值的确认都有所不同。一个学生说他听了我 13 年的组织行为学课程，我吓了一跳，我问他每年都听，能听出什么。他说老师不一样了，他也不一样了。所以，对于同一门课程，每个人对知识的理解相差非常大。

---

① 本文初刊于陈春花教授微信公众号“春暖花开”。

他触动了我对于知识和时代互动的挑战，也触动了他自己在不同环境下自我认知的挑战。这也许是我们每个人都要做的事情。

我们面对的现实和我们理解的知识有什么关系？今天每个人都是知识工作者，你所有的一切几乎都要打上知识的烙印，无论学习还是工作：看电影要理解剧情，就要理解里面展现的所有变化；朋友之间交流，如果没有知识的传递，貌似也没有产生共鸣的东西。人们对知识的渴望比以往任何时代都要强烈，爆发的程度比以往任何时代都要充沛，你会发现好像有些应接不暇。

我认为有 5 个原因，让我们既渴望知识又应接不暇：

首先有两点：第一，一切都是不确定的；第二，这种不确定是技术和知识带来的，迭代速度非常快。我有时候也有点焦虑，每年年底前我都会请我的本科学生做一件事情，把他们这一年认为最新的词列出来（50 个）。我从 2013 年开始做，当时可以认识一半的词，到了 2016 年，我只能认识其中的 3 个，这才发现我其实离年轻人、创新的词非常远。这种迭代、加快、新增的知识给了很多人挑战，我是其中一个。

第三，认知盈余。太多东西很难选择，不是“学不到、不知道”，而是“不能下决定”。不能下决定不是因为缺乏知识，拥有的知识不充分，而是信息太充分，以前信息不对称可以让我们做很多选择，现在信息对称后反而让我们很难做选择。这一切导致我们无法对很多问题和事项做出决定。

第四，我们的时间更加稀缺了。我们比较习惯说“碎片化”，一方面意味着时间增多，时间的区分、分割更多；另一方面意味着时间减少，对有价值输出的集中时间更难控制。

第五，对知识验证的要求越来越高。从前做老师的是笃定的，学生会认为老师教的知识都对，但是今天，做老师的不能那么笃定，因为老师拥有的充分信息可能还没有学生多，老师会发现要验证自己说的知识，难度比过去高。

这一系列的挑战让我们面对知识经济有两个态度存在，我引用一个人说的话：深深的焦虑和黯然的孤独。

这个文绉绉的表述挺形象的。我们有非常多的选择和可能性，却不知道哪个选择和可能性与己相关，我们希望有真实的对话和定力。当你拥有的时候，你需要很强的自我独处和判断的能力，当你拥有这个能力的时候，你会发现那是一种真正的孤独。你会变成一个很深沉、拥有知识又孤独的人。

这种情形催生了一个关键问题：你能不能真正理解知识？你可以识别、判断、价值互换、选择和自己目标及方向一致的东西，其前提是你能真正理解知识。我们要面向未来，靠什么面向未来？

唯有知识可面向未来。

第一部分：我们是否真的认识“知识”

我先做的是自问，我以做研究、写作为我的生活主干，我最喜欢别人称我为“读书人”，我也读了很多书，写了很多书，但读书是否就是知识？

很多朋友骄傲地说自己经历和体验了很多东西，对很多事情可以去评价和评断，那么经验是否就是知识？

还有人说他可以用很多过往的事情证明他是成功的，这些证明会内化为他个人的一种能力，这种能力是他不断迈向成功的基础。这个能力是知识吗？

有关知识的讨论，我们到底要关心什么话题？你会发现这是一个历史久远的问题，可以追溯到古希腊的苏格拉底，他一开始就问这个问题：知识到底是什么？

人类一直在回问这个问题，而且希望得到答案。这个问题，就是关于人和世界、人和自我关系的问题。它会涉及 4 个最重要的问题：人能否认知？人如何认知？人的认知所能达到的程度和范围是什么？真理的标准是什么？

当我们回溯这个部分，讨论知识概念的时候，当人类有智慧、思考的时候，就在思考人与世界、人与自我、人与一切外在事物的关系。

我们从最早问知识的人——苏格拉底开始回溯。知识是什么？他问泰阿泰德。泰阿泰德说：某人知道某事，以觉察的角度来说，知识就是感觉。这是有记录以来最早给知识下的定义。我们一提到知识，就会提到苏格拉底之问，这是关于知识的很有意思的一个视角。

那么这种感觉是什么？我做了很长时间关于知识的文献梳理，能够把“感觉”表达出来。因为“感觉”是描述态的东西，我们能感受到却说不出来。

很多人回答了“知识是什么”这个问题，我做了如下梳理。

第一种回答：知识是一种思想状态，得到证实的、真的信念，就是知识。知识本身就是信念，你相信的东西，是由你来定的，所以知识是你得到的信念。

第二种回答：把知识变成一种对象，无论知识是不是有知觉，它都可以拿来被衡量和认知，知识就是衡量和认知的标尺。

第三种回答：把知识当作认知和行动的过程。在现代领域，日本著名学者野中郁次郎一直在研究知识管理，提出了这个观点，还提出另外一个视角——知识是获取信息的条件。他最著名的表述是将知识划分为隐性知识和显性知识，这就把知识获取的条件讲清楚了。

第四种回答：知识会影响未来行为，也就是知识改变命运，通过知识来对人对事进行调整。德鲁克从这个角度下的定义是：知识是能够改变人或某种事物的信息。

第五种回答：不会有知识，没有任何知识，知识是你想象出来的，是不真实的。

这些梳理给了我很大帮助，我们每天都在认识和讨论“知识”，也许我们并不能那么清晰地想到知识有各种角度的阐述，比如思想状态、行为的选择、获取信息的条件、选择未来行为的能力，这些都是我们要去理解的部分。这也让我对知识有一个很奇怪的感觉，就是知识是一个很大的框，什么都可以放进去，你能理解的、不能理解的、想理解的、已经被验证的都可以放进去，它可能是我见过的最宽泛的定义。

从苏格拉底到现在，对知识的定义一直没有达成共识，这类似于我之前研究的“文化”，概念宽泛却无法达成共识，有人说文化是生活方式、思维方式、习俗、默认的规则、潜规则等，有无数个角度的定义。

我把知识和文化放在一起，是想说明：它们是不断演化和验证的过程，你自身知识的提升会让你对外界的理解更加深入，这是知识能够支撑你的厚度、改变你的命运最重要的部分。

从学术的角度出发，我认为，这是一个集合定义，由三样东西构成——直觉、智慧、形式化的知识（常识、规律等），集合起来就是人类知识的全集。

我把学者下的定义概括起来发现：

第一，知识是宽泛而抽象的概念，所有东西都可以放进去，但只跟你相关。知识在某种程度上是完全个性化的，它只属于你，它宽泛到什么程度，和你相关。

第二，知识是增强实体行为有效合理的信念。

这两个定义不是我下的，但我倾向于用这两个定义。

因为我是这样理解知识以及对知识的定义的。那么，你真的拥有知识吗？

很多人读非常多的书、上非常多的学，但是有效知识并没有被释放出来。我们会看到一些人没有你想象中读的书多，但是他有效价值的释放超过你的想象，我可能会认为后者拥有知识的能力更强，或者他已经拥有了知识，而前者没有真正拥有知识。

第二部分：你真的拥有知识吗

在现实中，我们会看到 4 种和拥有知识相关的情形。

第一种情形，我们常常听到有人说喜欢这个、不喜欢这个。这是分别心，不是辨识力。有辨识力的人，不会简单地说喜欢和不喜欢，因为当你真正辨识价值之后，你会克服自己。如果没有这种辨识力，你就会有分别心，你可能太常去做分别，却没有做足够的辨别。

第二种情形，“我做不到”。很多学生问我为什么每天晚上可以写 3 000 字，这是很难的事情。我和他说：你先从每天晚上写 3 个字开始、写 30 个字开始，慢慢你就会写 300 个字、3 000 个字。这不是能不能写的问题，而是没有很认真地理解自我设限和认知，没有理解做这件事情真正的原因是什么。

第三种情形，世界变化太快了，我常问自己是否变得不够快。熟悉我的人知道，在微博时代我没有参与太多的活动，后来我发现我如果不参与，就会被淘汰。所以在微信时代我就开始参与了，如果要上知识付费，我就赶紧上，主要的原因不在于我能不能上、世界变化快与慢，而是我变与不变、我变得快与慢。

第四种情形，大部分人认为自己很难应对信息聚变、事物不断迭代的时代。其实是你的惯性导致你无法应对。除了上课，我不是特别喜欢用视频的方式和大家交流，但我还是做了。有人问我什么是职业化，只要和自己的惯性、习惯不懈地斗争，你就能成为一个非常职业化的人。

你可能可以从更多别的角度来谈拥有知识的困难，以上 4 种情形是我面向的困难，为什么会成为困难？我认为和一个核心问题相关：你是否拥有知识？

如果你拥有知识，你就有辨别力，不再有分别心，知道自我的界限都可以打破、任何变化都是机会，更重要的是知道所有的经验拿掉之后你会看到一个更美好的世界，这是我找到的解决方案。

要解决这个问题，我们就要知道我们拥有的是不是知识。对数据、信息、知识这三个概念要分清楚。在大数据时代、信息时代，我们更容易混淆这三个概念。我访问过很多企业，很多人说我们有大数据了，我们要做数字化转型，要成为数据公司。我觉得这些道理都是对的，但我都会问：你们要把数据拿来干吗？他们几乎都答不上来。

（1）数据。我们容易混淆数据和知识的概念，是因为我们不清楚知识的边界在哪里。数据的定义是未经加工的信息和知识，数据是可以从不同角度来用的。

我曾经到山东一个县级市，领导告诉我这里是全中国县级市中 GDP 最高的。我问他人口有多少，他就不说话了，这个县级市应该是全国县级市中人口最多的。那么换句话说，人均 GDP 在全国县级市排得没那么靠前，因此 GDP 最高是没有意义的。

第二天我去了另一个城市，领导告诉我这里在二类城市中人均 GDP 是最高的，我问他人口有多少，他说 40 万，我说那 GDP 一定不高。未经加工的数据对我们做决策是没有帮助的，如果拿这个数据做决策，就会把自己害了，我们要上升到一个新的层次：信息。

（2）信息。我去一家企业，他们说自己是行业第一，我就会问他在第一的位置多久了，他说 12 年，我接着问有增长吗，他说最近 5 年没有增长，我说那这个“行业第一”有什么用呢。为什么要从数据过渡到信息？用没有处理过的数据，是没有办法做价值判断的。用处理过的信息，是否就可以做价值判断了？还不可以。还要再走一步，这一步就是知识。

（3）知识。知识是对处理过的信息再做鉴别产生的。我了解一个城市的 GDP 之后，还要接着了解它的产业结构，然后对它做一个整体的经济价值判断，我就有了关于这个城市的知识，就可以帮助这个城市做出选择。

要拥有知识，你需要做三件事：找到真实的来源、做处理、鉴别它。你只有经历了这个过程，才可以讨论和拥有知识。

对于这个时代的人来说，最大的挑战就是有效区分信息和知识。应对这个挑战，你需要退回到知识的定义中提到的“知识是属于个体的”，当你记住这一点的时候，就掌握了区分信息和知识的关键点：你一定要拥有个人化的信息，并且有对信息有梳理和加工的过程（你需要方法论，自行判断）。

很多时候，我和别人交流的时候，他们总是去转述别人的话作为自己的理解，这就意味着他们还没有掌握知识。你没有把别人的话内化成个人的信息，就不具备掌握知识的前提条件。

一个人想拥有真正的知识，是不容易的事情，通过技术、互联网可以掌握非常多数据以及比数据量少一点的信息，但如果你没有将其内化成个人的信息以及加工，我就会觉得你是一个知识特别匮乏的人。在知识时代，我们反而知识匮乏，太可怕了。

我想告诉大家一个概念——知识流动链，即怎么把数据加工成信息，然后加上自己的识别和判断，变成行动，获得反馈，最后形成智慧。

人类最高的境界就是具有智慧，智慧形成的过程是一个像链条一样的过程，真正拥有智慧的人会充分拥有更大量的数据，将其变成认知，落实到行动中。这样的智慧会变得特别丰厚，这就是智慧形成的流动链条。

数据、信息和知识的关系，可以用下图来看。将你在客观世界得到的数据努力处理成信息，信息通过你的处理进入你的大脑，成为你个人化的部分，再通过形式化的组合来指导你的行为，你就成为有智慧的个体。

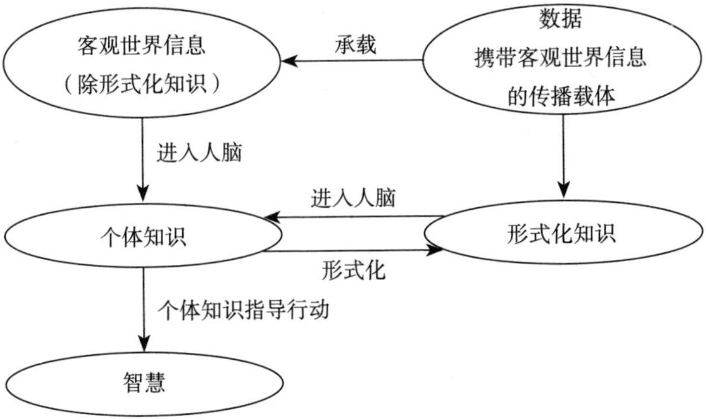

知识、数据、信息与智慧的关系

资料来源：孟增辉．知识定义及转化研究［J］. 计算机工程与应用，2015，5(13)：131-138

很多人问我到底什么叫智慧，我说，我们用学术性的说文解字方式来看，“智”的上面是“知”，下面是“日”，也就是每天要知道多一点；“慧”的上面是“雪”，下面是“心”，就是让自己冷静学习，双倍吸收，而且这些吸收一定要进入内心，成为你自己的，这个时候你就有“慧”了。你必须不断向外界寻求数据和信息，而且你必须将其内化为你自己的价值、判断。

我们来看个小小的案例：普吉岛海啸中，有一个 10 岁的小孩竟然救出当时在海滩上的 100 人，他之所以能判断，是因为他是拥有海啸知识的人类个体，他可以根据数据和现象，经过加工，很快做一个知识的判断，从而救了很多人。这个行为，是人类智慧的标志行为。这可以成为对“拥有知识”的完整理解。

我想向大家介绍一个人的一本书：怀特海的《教育的目的》。教育到底拿来做什么？他的一个观点对我影响至深，也就是智力发展的三阶段论，一个人的智力发展一定要经历三个阶段：浪漫阶段、精确阶段和综合应用阶段。

• 智力发展的浪漫阶段：在小的时候，一定要在浪漫阶段中直观地去获取对世界的认识，不需要加以分析，只要想象就行。

• 智力发展的精确阶段：长大之后，一定要精确，所有接纳的信息要能够处理它，这个时候侧重的是对信息的分析和正确的阐述。

• 智力发展的综合应用阶段：当你学到这些，你还没有完成你的智力发展，要能够综合应用前两个阶段，然后再回到第一个阶段——对事物的浪漫认知阶段。

也就是，首先，看山不是山，看水不是水；其次，看山是山，看水是水；最后，回到看山不是山，看水不是水。

我的问题，也是我的难题：我觉得大家缺失的能力是综合应用能力，我们浪漫也会了，大学毕业后精确也会了，但是偏偏不会综合应用，也就是我们的智力根本没有开发，这是我比较担心和烦忧的地方。

你真正拥有的知识，是你能够理解、消化并应用的东西。经实践验证、综合应用后的知识才有价值。如果你掌握的所有数据和信息是不能用的，而且不能通过实践验证价值，你是没有拥有知识的。

我发现很多人讨论王阳明，讨论“知行合一”，我这里就转述王阳明的一句话：“真知即所以为行，不行不足谓之知。”如果你不能将知识转化为行动，你就不能证明你知道。宋元之际儒学家金履祥所著《论语集注考证》有云：“圣贤先觉之人，知而能之，知行合一，后觉所以效之。”知行合一，才能真的证明你拥有知识。

以上是对于个体而言的。我一直在组织领域践行管理，所以不得不说说组织如何拥有知识。

第三部分：组织如何拥有知识

我们非常在意一个组织面对未来的能力。我最近写了《激活个体》《激活组织》，就是想说明组织除了要完成绩效以外，还要拥有驾驭未来不确定性的能力，这个能力当中很重要的一点是组织拥有知识。

那么组织拥有知识了吗？德鲁克关于这个领域的一个观点给

了我很大启发，他说无论在西方还是在东方，之前知识一直被视为“道”，好像离我们很远，只有少数人获得，后来几乎一夜之间知识变成“器”，离我们非常近，成了一种解决方案、工具和方法，成了资源和使用的利器，这是一个很大的改变，这种改变需要我们认真对待。

德鲁克认真回顾了知识的产生过程在人类进入工业革命之后所带来的巨大变化，他对前三个阶段进行了如下分析：

第一个阶段，知识被应用于生产工具、生产流程和产品创新，从而产生了工业革命。

第二个阶段，知识以及知识被赋予的含义开始被应用于工作中，从而引发了生产力革命。

第三个阶段，知识被应用于知识本身，从而产生了管理革命。

我补充了一个阶段：知识在今天正在迅速成为首要的生产要素，使资本和劳动力处于次要位置，我把这称为“知识革命”。

这四个阶段使得产业效率、生产效率、管理效率、全要素效率都产生了巨大的改变，那么你的组织要不要拥有知识？

现代工业革命需要的要素是把流传千年的技能和经验转化为知识，把工匠的经验变成方法论和工具。这些方法论和工具，我们称之为知识，使工业革命的效率比之前的几十个世纪还要高很多，其中最大的调整就是管理学的开篇——泰勒的《科学管理原理》。

知识被应用于工作，使社会生产力快速递增，每隔 18 年就会翻一番。1911 年，《科学管理原理》发表，管理成为科学普及应用到工业产业线的时候，所有发达国家的生产力水平都已提高了 50 倍左右，这是非常巨大的价值贡献。

事实上，知识是今天唯一有意义的资源，知识已成为获取社会与经济效益的一种手段，知识正被应用于系统化的创新。我们难以想象生产力会发展到什么程度，以前很难想象几千亿元、几万亿元销售额和市值的大规模价值贡献，但今天谷歌、亚马逊、通用电气、阿里巴巴、腾讯做到了，就是因为有知识的支撑。如果想在今天具备竞争力，那就要成为知识驱动的公司。

一个知识驱动的组织，像前面提到的这几家组织，它们在四件事上做出了巨大的努力：第一，组织当中要有知识基因；第二，组织结构通过数据化来驱动；第三，知识链和数据流协同开放的伙伴系统；第四，持续创造价值。

你的组织是一个知识驱动的组织，还是职能驱动、投资驱动、权力和资源驱动的组织？

我们怎么获取这样的组织驱动？我特别喜欢一个人，就是戴明，他影响了日本经济，他把质量管理带去了日本，使日本在 20 世纪七八十年代有巨大的工业腾飞。戴明很强调组织要有一个东西，就是深厚的知识系统，由四个元件构成并相互影响：对系统要欣赏（对整体最大化的欣赏）；理解所有变动相关联的知识；

要有自己的知识理论；对人类心理知识的理解。它们彼此之间互相影响，然后带来系统特性。如果一个组织具有系统特性，效率就会非常高。

请你去打造你组织的深厚知识系统。如果你可以打造这个部分，你的组织就会有很强的竞争力。知识的生产力日益成为经济和社会成功、整体经济表现的决定性因素。

你的组织是否拥有知识，有两方面非常重要：一是你的组织是不是知识驱动型的组织；二是你的组织是否拥有系统的深厚知识。

第四部分：怎么实现这件事情

我有三个座右铭，“你的手是比头高的”是其中之一。你所有想的东西必须变成行动，去验证，通过行动和验证的知识才是你的，才会让你非常有力量。我们应该系统地、有组织地利用现有的知识创新知识。

在行动上做两件事情就好了：

第一，不断有目的地放弃。组织要不断有目的地放弃，学习新东西不难，难的是忘掉旧的东西，否则你无法装进新的东西。

第二，你必须持续地理解外部环境。

接下来要做几个动作，第一个动作是“过三关”：忘记、借用和学习。

这是我们在组织管理中常用的方法，如果想做新业务、进入新领域，就要求组织过这三关。如果你想进入新的知识领域也是如此，“忘记”这一关很难过，要摆脱过去形成的观念，我会要求自己去放空；“借用”这一关我鼓励大家使用，希望你去借别人的优势，使你变得非常强大；“学习”这一关是要学习未知，不管学的知识是否准确，你都要有学习未知的能力。

我给大家几个建议：

第一，是一位英国小说家说的一句话，这句话给我很大帮助，别人问他小说为什么总是写得这么好，他说唯有融会贯通。

按照知识的逻辑，首先你应该鉴定问题，而不仅仅解决问题。别人问我为什么可以做那么多事情，我觉得和时间、事情无关，很多时候我们忙碌是因为没有明确问题，不知道哪些问题是你的，然后所有问题全部都去解决，你肯定非常忙碌，有价值的事情反而没有去做，这恰恰是我们出问题的地方。

接着，对问题要进行分析，要把数据处理成信息，再把信息加工成知识，所以一定要做分析，看这是不是你的问题。我在企业的时候，很多事情我会跟同事说你去做就好了，他说他要跟我汇报，我说不用，你去做就可以，他说那出了问题怎么办，我说出了问题我来帮你担好了。他要做的就是找解决问题的方法。这样你会发现这些事情很快就处理掉了，但如果不这样，我相信很多事情就解决不掉。

一定要对真实的事情做系统的分析，然后要有方法论。我自己工作的第一个方法论是，我决定去做的任何事情，一定会留出时间去做，比如跑步、写书、看书、旅游、见朋友，我每天的每一个小时都是割开的，我很少说“一天”这个词，一天可以拆成 8 个小时，做 8 件事情。如果只按一天算，就只能做一件事情。

最后要知道，对很多东西你是无知的。

第二，要想拥有知识，唯有终身学习。

怎么终身学习才能拥有知识？终身学习要有三个能力：基本学习能力、过程学习能力和综合应用能力。基本学习能力是对纯知识、专业知识、存量知识的理解。创造性知识在过程学习能力中出现，包括过程知识、增量知识、跨界知识。而综合应用能力是非常重要的，即能否去验证你的理解和想象。

第三，唯有突破自我极限。

人的自我极限是自我设置的，其中有三个障碍常常被我们忽略：第一，太过自我；第二，我们信仰的真理和事实的真理是有差距的，我们总认为我们相信的就是真的；第三，如果经验不变，事情变了，我们的经验就会成为绊脚石。

德鲁克说，职业经理人的角色要改变了，过去是为工作、下属、业绩负责的人，未来是为知识应用和表现负责的人。你的能力和未来的价值如果不能适应社会的变化，那么恐怕你确实得做改变了。

在知识经济社会，最不能浪费的是知识潜力。我们一定要想办法接受自我训练，获得深刻的洞察力、远见，前提就是你要愿意更宽泛地接受所有的东西，然后将其内化为自己的。你一定要深度介入社会的变化中，然后你才会得到足够深的、属于你自己的知识。

我把我喜欢的几句话送给大家：什么是优秀的人？真正优秀的人，会不断完善自己的行为，以比别人更高的标准来行动，放弃对自己的过度欣赏，不断接受变化。

理想和现实只需要一个桥梁：行动。想到就去做。我的口头禅是：去做啊。

人的高度，不是由思想决定的，而是由双手决定的，手比头高。想在知识时代成为弄潮儿，就要先拥有知识。要拥有知识，就一定要把数据变成信息，把信息变成知识，然后通过行动，成为一个有智慧的人。

纠结的时代更需要有品格的企业家

杨壮

中国从1978年改革开放到2017年，经济发展上取得了巨大成就，我们的GDP已经是世界第二，人均GDP也涨了很多倍，如今已经超过7 000美元，正挑战中等收入陷阱，向高收入国家前进。但与经济发展特别不匹配的是，人们的健康程度远远跟不上，尤其是心理健康问题已经处于很危险的地步。

究竟是什么原因导致这种严重失衡，这非常值得研究，因为经济和国家发展的根本目的是让人们更健康、更幸福。否则，我们的GDP上去了，幸福感却下来了，甚至心理出问题了，这就违背了发展的本义。

对于中国当前的心理问题，尤其是具体到职场人士的心理而言，据我观察，最突出的问题就是纠结，普遍纠结，非常纠结。这种纠结在成功人士身上表现得也很突出。比如很多 EMBA 学员都已经财务自由了，但心灵很不自由。企业下一步向何处发展，国内还是国外？挣到的钱够不够养老，是存起来，还是继续加大投资，投资又该投向什么产业？自己的公司会不会被“互联网 +”颠覆？怎么跟政府、下属打交道……总之，有很多困惑，很纠结。

根据我自己的观察和评判，当下的中国人这么纠结跟很多因素都有关系，主要集中在如下 6 个方面。

（1）经济发展到一定阶段，人们对政治开明、社会公正、法制透明的诉求越来越高，而我们国家在这方面的发展相对滞后。北京、上海、广州、深圳等一线城市已经进入高收入国家水平，对这方面的要求更高，心理缺口更大。

（2）中国在经历 30 年的高增长之后进入一个新常态。自 2009 年以来，GDP 增长速度不断下滑，2015 年前两个季度的增长为 7%，比 2007 年的高点几乎少了一半，而且能不能停止下滑也不确定。很多人的投资很难再有收益，不仅经营出现困难，而且很可能干了很多年的产业被颠覆掉，危机四伏。

（3）我们一直在改革，改革本来就是打破确定性，增加不确定性，互联网又进一步改变了很多游戏规则，移动互联网使我们这个社会的变化节奏变得更快，人们面临的不确定性越来越强，这让很多人感到恐惧和纠结。知识和信息的迭代在不断加快，物联网、大数据、互联网金融等概念层出不穷，这让大部分人跑步都跟不上。何况，传统时代可以允许几万个夫妻店并存，而在互联网时代更像是赢家通吃，这也带来巨大的压力，微信只有一家能成功，淘宝也是。大众创业、万众创新当然是好事，但它让我们很多人为之激动的同时，也让更多人为之不安。过去研究生毕业面临的问题是去国有企业还是外资企业，如今又增加一个：要不要创业？而创业所带来的成败反差之巨大更让人内心迷茫。

（4）在移动互联网时代，学习变得更加容易，竞争变得更加激烈，淘汰变得更加频繁。人与人之间的知识与技能差异可以用更短的时间弥补，人脉资源也可以通过更方便的朋友圈建立起来，职场中大家辛苦多年建立起来的知识、经验与人脉壁垒在今天都更容易被突破，再也无法带来像过去一样的安全感。

（5）中国人的价值观一直不稳定，文化也非常多元，一直没有特别统一的、普适的价值观。不仅有历史传承下来的儒与道、基督等不同宗教，还有地区文化差异、企业文化差异、家庭教育差异。尤其是在经济发展过程中，不少人为了金钱失守道德底线，但在市场经济中又可以用钱买来很多优越感，这产生了一系列社会问题，甚至使中国整体的道德水平和国际形象受到不同程度的影响。价值观的混乱往往是人纠结的根源，这一点非常突出。

（6）最后一个因素是生存环境恶化所带来的危机感。空气经常发生严重的雾霾，食品安全事件屡有发生，水土污染也很严重。同时整个社会还面临恐怖主义的威胁。恐怖主义事件未必每一次都带来特别严重的后果，但对每个人的心理影响特别严重，因为恐怖分子就是要用随机性使每个人都感到深深的不安。

所以，在这么多因素的影响下，中国人的心理面临巨大的压力，纠结在所难免，心理疾病也走向高发的趋势。

面对纠结，我们应该怎么办？答案并不复杂：建立正确的价值观，坚持你的选择，学会放弃。今天的中国人所面临的选择空前的多，很容易患上选择综合征。而选择综合征的核心在于你内心深处的自我不清晰、价值观不坚定，对很多事情既贪婪又恐惧，该坚持的不敢坚持，该放弃的舍不得放弃。

纠结问题其实只是我们很多人的表征，就像冰山露出水面的部分，而更深层的原因是价值观不清晰、不坚定。价值观我们现在提得比较少，通常也看不见、摸不着，但我们必须明白，价值观是人一生最重要的东西，因为价值观是你做一切选择的标尺。我常常讲一句话，这句话北京大学国家发展研究院 BiMBA 商学院的师生都耳熟能详，那就是价值观是选择的排序。

价值观是选择的排序，那我们究竟应该如何排序呢？对此，乔布斯在一次演讲中说得很清楚。

大家都知道，乔布斯是苹果公司历史上的灵魂人物，他不仅改变了智能手机，更改变了全世界。去世前在斯坦福大学有个非常著名的演讲，在这次演讲中，他透露了自己如何对各种选择进行排序。乔布斯说，他经常提醒自己也许快死了，尤其是生病之后。在做每一件事情时，他总在想，如果今天是他人生的最后一天，在做重大判断、重大决定时，那些外界最看重的期望、名誉，那些所谓的困境、对失败的恐惧，就都全部消失了。当你面对死亡时，最重要的东西才会在你内心显现，才会让你清楚地知道真正值得做、值得坚持的东西。

我前面已经说过，中国人的纠结比较突出，其中一个重要原因就是中国人的价值观非常多元、非常复杂。同样面临一件事，面临一个选择，受孔孟之道或者说受儒教影响比较重的人有一种选择，而受老庄思想影响的人又有一种选择，信仰佛教、禅宗、基督教的人又各有一种选择。而在现实生活中，我们都还处于不同的组织机构里，有领导，有同事，这些不同人的选择对于价值观不清晰的人也有不同程度的影响，会让一个本来就内心不坚定的人变得更加无所适从，变得更加纠结。以北京大学国家发展研究院 BiMBA 商学院的经验，来自国有企业、民营企业和外资企业的学员，都表现出不同的价值观和行为方式。

还有特别要指出的一点，那就是家庭尤其是父母对我们的价值观影响很大，甚至起到主要影响作用，而我们的家庭千差万别。

总之，就中国当前的情况而言，改革依然需要不断深入，技术更迭也在加速，我们面临的不确定性只会更多，凭借政府的影响力与公信力也越来越难以左右个人的选择。因此，指望短时间内让中国出现统一的普世价值不太现实，更何况多元价值观的共存共荣更符合历史的潮流。因此，在外部环境不可能短期内帮我们统一价值观、解决纠结的情况下，我们要走出纠结，只能依靠自己的努力。

自己往哪个方向努力，除了刚才讲的乔布斯使用的方法，我特别要再补充几点：

（1）我们一定要选择做正确的事情。著名管理学家德鲁克曾有一句名言：首先要做正确的事情，其次才是正确地做事。因此，每个人首先要有一个基本的价值观、是非观，要相信光明，追求公正，绝不能因为某些人不遵守道德底线就失守自己的道德底线。腐败就是腐败，错的就是错的。错误的事情绝不会因为做的人多了而变得正确。

（2）我们一定要选择自己内心喜欢的事情。我们不仅要选择做正确的事情，还要尽最大努力选择自己内心喜欢的事情，做自己想做的、愿意做的事情。不要违背自己的内心。纠结是什么，纠结就是违背自己的内心。

（3）做自己擅长的、有比较优势的事情。很多时候我们感兴趣的未必是我们最擅长、最有比较优势的。在分工不断深入的社会，你的立身之本可能不是你的兴趣，而是你的专业。专业能力的发展最需要的就是你的天赋、你的比较优势。因此，每个人真正告别纠结，还离不开对自身天赋或比较优势的发现和发展。

因为价值观对于人的一生至关重要，我特别期望中国大地上的每个人都能坚持做正确的事情。只有我们都坚持正能量，每个人都阳光透明、公开公正，整个社会才能阳光透明、公开公正，我们的下一代才能在一个健康的环境里长大，才能形成良好的价值观。在这方面，影视文化也有一份责任，我们的电视剧不应都充满心机与报复，不应有太多负能量，这一点应该向韩国学习。

在今天这个时代，中国企业家群体有着特殊的影响力，他们的心态更值得警惕和关注，特别是企业的领军人物和一把手，不仅要重塑清晰的价值观，还要发展培育优秀的企业家品格和素质。

改革开放 30 多年来，企业家在社会和经济中的地位与作用大家有目共睹。今天政府又提出“双创”，大众创业、万众创新，这可能会促使中国涌现出更多的创业者和企业家。众所周知，企业创始人的价值观和行事风格在很大程度上影响着企业文化，不仅影响几百名甚至上千名员工的价值取向与行为方式，对上下游企业和整个社会也都有不同程度的影响。

因此，中国企业家群体的价值观问题和企业家的整体品格素质，特别值得我们研究和关注。

优秀的品格素质是有效领导者受到下属追随的必要条件。孔子在 1 000 多年前对于领导者的品格就有过精彩的阐述，比如：

“为政以德，譬如北辰，居其所而众星共之。”就是说领导者以德理政，如同天上的北斗一样，群星自然就围着转。孔子还说：“其身正，不令而行；其身不正，虽令不从。”老子在《道德经》中指出，没有诚信品质的领导者，老百姓是不会跟随他的，因为“信不足焉，有不信焉”。《孙子兵法》中明确了领军人物应该具备“智、信、仁、勇、严”五大优秀品格。宋代名家梅尧臣对此有一个非常精彩的注释——“智能发谋、信能赏罚、仁能附众、勇能果断、严能立威”，其中信与仁都是非常重要的品格。

位于苏州的德胜洋楼公司并非特别大的公司，但我非常欣赏。在业务上，这家企业过去20年一直专注生产高质量的木式建筑，但在商业经营的同时，企业还有非常特殊的人格经营：把农民工改造成绅士，形成一个高贵自由的小世界。在德胜洋楼，农民工通过公司的教育、规则、理念、文化开始改掉身上很多不良习惯，不仅技术上成为熟练的技工，而且具有突出的品格和素质：诚实、自尊、博爱、率真。总裁聂圣哲一直坚持：“一个没有自豪感的人是做不好工作的，一个没有荣耀感的人是不自信的，一个没有尊严的人是不可能有信仰的！”

日本知名企业家稻盛和夫信奉中国名家王阳明的心学，他在企业管理中奉行“以心为本、利他经营、提高心性、敬天爱人”，在这一套管理哲学之下，他27岁创办京都陶瓷株式会社（现名京瓷），52岁创办第二电信（现名KDDI），两家都是《财富》全球

500 强，还曾拯救陷入亏损危机的日本航空公司。

不仅在东方国度，西方同样重视领导者的品格。北京大学国家发展研究院 BiMBA 商学院是美国西点军校在中国最早也最深入的领导力教学合作伙伴，至今已经有 11 年的历史。西点军校作为西方高管与军官的摇篮，特别重视培养具有品格素质的领军人物，其校训闻名全球：责任、荣誉、国家。诚信是西点军校最重视的素质要求。西点军校学员的道德法则是：不撒谎，不欺骗，不盗窃，也绝不容忍其他人这样做。

领导者的品格素质在古今中外一直都很重要，但为什么对今天的中国企业家更重要，下面是我的 4 点观察。

（1）中国的国际化程度日益加深，中国企业的商业模式最终要赢得国际社会的认同与尊重，不仅要求企业家会说英语，更要求企业家深刻理解国际规则，读懂并尊重普世价值和国际商业规范，否则中国概念股在纳斯达克被成批警告甚至摘牌的事情还会重演。而一旦这种事情发生，受损的不仅有企业家自身的财富与融资目标，还有中国制造乃至中国人的国际形象。美国自 2002 年安然与世通案之后，不断修改法案加强对企业和企业家道德的监管，德国大众汽车最近的丑闻并非源于汽车质量本身，而是企业伦理与道德出现问题，使整个德国严谨、诚实的国家和企业形象都受到严重伤害。

（2）中国经济已经发展到一定阶段，人均 GDP 已经超过

7 000 美元，人们普遍会要求更高的生活质量，追求生活的意义，老百姓期望整个社会更加阳光透明、公开公正。国家的法制体系势必会更加完善，信用体系会更加扎实，再加上互联网自媒体与社交媒体的日益发达，都会对企业家的道德和品格提出更高的要求。从国家层面而言，随着党内全面反腐和整治食品安全、环境污染的实施，会进一步加强诚信文化和制度建设，对于不道德企业家的打击和惩治力度会不断加大。而从法治监督与传播环境角度而言，企业家不道德所造成的社会成本也将大幅提升。

（3）在互联网共享经济时代，人力资本的作用越来越大，在很多行业，企业老板对员工的依赖已经开始强于员工对企业老板的依赖。人的创造力和想象力是决定企业实现战略目标的核心因素。随着中国产业的逐步升级，向智造业和高端服务业转移这一趋势只会进一步加强。今天，要完成组织使命目标，组织内部必须建立一种领导与下属间相互信任、相互支持、阳光透明、公开公正的管理机制和文化氛围。传统的绩效评估方式和简单粗暴的领导风格，势必损伤员工的积极性，造成军心涣散，人员离职。这样的结局最终伤害并抑制人才潜质的发挥，使企业随时有被解构和被颠覆的危险。

（4）“90 后”群体在互联网时代充满生机和个性，在企业发展过程中日益担任重要角色，与“70 后”和“80 后”两代人相比，“90 后”这一代人并没有巨大的生存和精神压力，他们更在意工作本身的意义，包括趣味性和社会价值，不会轻易为五斗米折腰。他们更善于提问，对工作性质和内涵、职业生涯发展、在组织中是否受到尊重、工作生活平衡、组织赋予的自由空间以及企业文化氛围等问题更为敏感和重视，因此组织必须调整管理和文化策略。

今天大批中国企业正在走向海外，进入国际市场。企业家不仅要跟前辈一样有敢打敢拼、敢为天下先的精神，还要跟过去的企业家不一样，更加注重国际行为准则、普世价值和领导者的品格素质；企业不仅追求企业的短期利益，还必须具备长远的战略眼光；不仅要重视自身的发展，还必须兼顾社会价值；不仅要培养和加强企业的硬实力——收入和利润，还必须建设和传播企业的软实力，增加影响力；不仅要能在顺势中积极投入，也必须能在逆境中顽强不屈；不仅要要用传统的管理制度约束和刺激员工去做，更要用情怀激发员工主动自觉地去做。领导力是让下属去做你想做、他又很愿意追随你去做的事情。

如果中国国家层面加强法治建设，清晰核心价值观，中国企业家也不断提升自身品格特质和综合素质，勇敢坚定，透明诚信，整个中国将会有一个更健康发展的生态环境，如校友张捷的企业名称所言——盛心阳光：人人盛心，处处阳光。中国企业在国际上的竞争力也将有可能真正达到《孙子兵法》所讲的境界：“故善战者，致人而不致于人。”否则，一个企业家不讲究，他的企业做得越大越危险，不仅对他自己，对整个社会都是如此。

最后，我特别希望大家都不再纠结，坚持做正确的事情，尤其是能找到并坚持做自己喜欢的事情，真正拥有幸福快乐、不纠结的人生。

对人工智能前景的人文思考[①]

杨壮

100 多年前，英国作家狄更斯在《双城记》的开头写道："这是最好的时代，这是最坏的时代；这是智慧的时代，这是愚蠢的时代；这是信仰的时期，这是怀疑的时期；这是光明的季节，这是黑暗的季节；人们正在直登天堂，人们正在直下地狱。"今天，狄更斯的话语似乎更适于描述迅速发展的人工智能可能给人类社会带来的机遇和威胁。中国很多科学家对人工智能发展持积极态度，认为人工智能对经济发展、科技进步、产业升级、生活改善、成本下降、效率提升都会产生积极的影响。而霍金、盖茨和马斯克等科学家对人工智能，特别是强人工智能，持有悲观的态度，

① 本文初刊于微信公众号"杨壮谈领导力"。

担心人工智能发展速度将会超过人类发展速度，用人类现有的知识水准无法预测并控制人工智能可能给人类社会带来的灾难。

IBM、领英集团和北京大学国家发展研究院于 2017 年 9 月在北京大学组织了一场“人工智能时代职场趋势洞察”联合报告会。我有幸代表北京大学国家发展研究院参加。两组年轻学子就人工智能对职场求职者与大学毕业生所产生的影响从正方和反方的视角进行了激烈辩论。5 位来自不同领域的企业高管也就人工智能对各自行业产生的影响发表了各自的观点。辩论结果发现，人工智能迅猛发展引发中国对人工智能人才的需求倍增，但是职场人士对人工智能的态度喜忧参半。

人工智能的领域：目前已经或将要投入应用的人工智能包括机器视觉、指纹识别、人脸识别、视网膜识别、掌纹识别、专家系统、智能搜索、智能医学、智能法学、智能教育、智能销售、精准营销、博弈、智能控制、语言和图像的理解、遗传编程、无人驾驶汽车等。人工智能交叉于自然学科、社会学科、技术学科三大学科之间，涉及零售业、电力业、公共设施、制造业、医疗保健、教育领域等多元行业领域，是一门边缘学科。今天，中国社会中人工智能发展最快的公司往往是充分利用云计算和大数据的公司，如阿里巴巴、腾讯、百度、滴滴出行、ofo（小黄车）、摩拜、链家等。人工智能对互联网公司的崛起与发展起到了积极推动作用。

人工智能人才缺口：IBM 中国 2017 年 9 月 16 日发布的数据显示，全球数据量到 2020 年将达到 44ZB。麦肯锡研究发现，到 2025 年，颠覆性技术将给全世界带来 14 万亿—33 万亿美元的经济效益。伴随大数据业务的迅猛发展，各个行业都存在着很大的人工智能人才缺口，在中国缺口超过 500 万人。领英年度人工智能人才报告显示，通过领英平台发布的人工智能职位数量从 2014 年的 5 万飙升至 2016 年的 44 万，增长了 8 倍。麦肯锡报告指出，2016 年，科技巨头公司投资 200 亿—300 亿美元进入人工智能领域，VC（风险投资）、PE 公司也会融资 60 亿—90 亿美元到人工智能企业。

对人工智能的解读：纽约大学教授托格利厄斯在一篇短文中指出，当今关于人工智能的报告多属耸人听闻，很多文章是记者在没有深刻理解和了解下得出的结论。他认为，人工智能是一个广阔的领域，方法多元，变化多端，大部分人工智能其实都与人类智慧息息相关。阿里巴巴首席战略官曾明认为，今天科技迅猛发展本身并不是最大的障碍，对企业家来说，真正的挑战是能否用智能商业的思路来审视自己的传统业务，并在运用人工智能手段的过程中对现有产品流程进行全面改造和创新。清华大学经济管理学院钱颖一教授认为，人工智能的发展将会消除中国传统教育存在的优势，死记硬背的教育方式在人工智能面前显得十分苍白。他引用爱因斯坦的话说："大学教育的价值不在于学习很多事实，而是训练大脑，学会思考。”苹果总裁库克对人工智能的未来发展表示担忧：“我所担心的并不是人工智能像人一样思考，我更担心的是，人会像计算机一样思考，没有价值观，没有同情心，没有对结果的敬畏之心。”他认为人类要在经济社会，特别是技术发展的过程中，学会控制技术对人的影响。社会进步靠单纯的技术发展是不够的，技术和人文必须结合在一起。

综上所述，我想就人工智能发表几个个人观点。

人工智能能带来明显的效益。在互联网大数据和云计算基础上发展的人工智能已经给人类发展带来显而易见的科技进步，降低劳动者的工作强度和劳动力成本，提高劳动生产率，加速行业转型，为客户带来更为愉悦的体验。不论是制造业如汽车组装流程，还是金融、法律、教育、医疗、服务业，人工智能带来的进步都是毋庸置疑的。在医院，人工智能可以帮助医生解决疑难病例并提高手术的精准性。人工智能让企业大大提升对客户实际需求的把握，做到精准营销。在法律工作领域，过去复杂案例分析量需要几个律师花费几天的时间，现在机器学习只要几个小时就可以完成任务。人工智能的发展势必给世界带来巨大的效能，发展速度是超乎我们的想象的。

人工智能无法改变人性。从第一次、第二次、第三次工业革命到互联网革命，人工智能是人创造的、源于人类积累的知识和智慧。人工智能本身可以解决运算、逻辑、概率问题，但人工智能无法解释社会中、组织中反映出的复杂、多元的文化现象，因为社会是由不同的人组成的，组织也是理性和非理性的个人构建的。组织发展过程就是和社会环境博弈的过程。如果人工智能可以解决人性问题，我们很难理解，为什么 2 000 多年后的今天，从政府到企业，从机关到学校，我们还要认真拜读、领悟《论语》《道德经》《致良知》《心经》《金刚经》等经典著作，因为这些书籍恰恰试图让人们更加善良、利他、诚信、真挚、谦逊。人工智能可以提高生产效率，降低劳动强度，改善工作环境，提升生活方式，但是它始终无法改变人性本身——人的善意、人的弱点、人的良知、人的贪婪、人的情感、人的欲望。

人工智能无法改变人的价值属性。人工智能是人类为解放劳动生产力创造的智能机器，机器学习可以替代复杂运算工作。但是人的价值属性才可以决定人类如何运用人工智能，如何把握科学技术发展的方向，为老百姓增加福利，为社会公正公平、进步做出奉献，为企业最大限度地增加经济和社会价值。纵观全球，人工智能无法管控国家领导者违背人类意志，肆意制造、扩散核武器，对世界和平造成巨大威胁；人工智能也无法保障并维持国家与国家之间、民族与民族之间的和平共处、和睦相处；人工智能很难杜绝丧尽天良、行凶作恶的国际恐怖分子；人工智能更难以阻止那些为了争权夺利，违法乱纪、贪污腐败，生产对消费者有毒害的食品和商品，从事对环境产生巨大污染的制造业的利己主义者。

人类永远不会像机器一样思维。机器可以模拟人类的思维方式，在复杂概率运算中最终战胜人类。人类切忌像机器一样思维。为什么？机器没有情感，没有是非判断能力，没有价值偏好，没有人际沟通能力，机器永远无法变成人，也不可能拥有人类的智慧、意识、感知、灵感、价值观和方向感。人类必定要用自己的思维和理念去把控发展和使用机器学习的方向和目标。在学校，一定要给予学生充分的自由思想和独立思考的空间，鼓励学生从小就保持浓厚的好奇心、梦想、价值观、同情心、敬畏心、思辨力、自控力。在单位，不论是企业还是医院、学校还是机关厂矿，高层领导者一定要建立培育一个允许员工讲真话、无障碍交流、相互信任、跨界沟通、去中心化的组织架构和文化土壤。人的核心价值观决定了人工智能能否为人类的根本利益创造真正持续的价值。为此目标，政府高官、企业高管、学校校长、医院院长、法院法官自身的自我认知能力、综合素质、价值观决定国家、社会、企业的发展方向，进而决定人工智能能否为人类社会持续进步做出贡献。

最后，要把人工智能发挥到极致，人类必须扪心自问 2 500 年前苏格拉底提出的核心问题：我是谁？从哪儿来？到哪儿去？在自问反思的过程中，明确世界发展趋势，树立坚定的价值观，提升自己的洞察力、判断力、决策力、品格力，懂得“做人何谓正确”（稻盛和夫），“做正确的事情，不仅仅正确地做事”（德鲁克），

“正确的事，做就对了”（证严上人）。明辨是非，独立思考，专注于自己喜欢并擅长做的事情，不做机器的奴隶。只有这样，科学家、工程师才能将人工智能服务于人类的根本利益，驾驭人工智能数据技术的发展和使用方向，而不被机器控制、指挥。人类的前景势必因而变得更加美好、灿烂、辉煌。

第四章

如何理解体制

政府有为是市场有效的前提[①]

林毅夫 （北京大学博雅讲席教授、国家发展研究院名誉院长，世界银行2008—2012年高级副行长兼首席经济学家）

有人说我是“国师”，这个不敢当。作为知识分子，关心这个社会，关心这个国家，就应该根据自己对问题的认识，知无不言、言无不尽，我只是在尽我作为一个知识分子的责任。可能是因为我讲政府在经济发展过程中要发挥一定的作用，很多人就认为我是在帮政府站台。其实不能这么说，因为经济发展本来就是既要靠市场，也要靠政府，两者应该各自发挥应有的作用。

我的目标是建立有效的市场和有为的政府：市场有效以政府有为为前提，政府有为以市场有效为依归，这两点是有机的两面。但是好像现在国内有一种氛围，谁讲政府有为就会被认为是反对

① 本文初刊于《凤凰周刊》2017年第12期总第613期。

市场，这是我们必须扭转的一个认识。完全市场化的最典型例证就是智利，但是智利 30 多年没有新兴的产业出现，导致就业问题得不到解决，失业率很高，贫富差距不断扩大，这难道是我们想追求的结果吗？如果说因为我讲政府有为我就是“国师”了，那当我讲市场有效的时候是不是就反政府了？所以，我是站在一个中性的立场。

在讲政府有为的时候，也并不是说政府做的任何事情我都支持，因为政府做的也可能变成乱为，乱为就应该反对。我们也必须让政府知道什么属于有为，什么属于乱为，什么属于不作为。我觉得作为知识分子就有这样的责任，自己认为对的就要把它讲出来。当然，讲出来以后别人怎么评论，别人怎么理解，这是我控制不了的。但如果因为别人没有把握我讲话的实质，我以后就不讲政府有为了，那整个社会的舆论不就是只能靠市场？

发达国家适合的制度不见得适于发展中国家

“二战”以后，发达国家对发展中国家的援助不少，总计约有 3 万多亿美元，但是发展中国家的贫困问题并没有得到解决。正如前不久比尔·盖茨在北京大学演讲时提到的，即使把中国改革开放以后脱离贫困的 7 亿多人刨除掉，全世界的贫困人口数量依然没有减少，而且在继续增长。也就是说，发展中国家的发展问题并没有得到解决。

20 世纪 70 年代末、80 年代，外界普遍认为，发展中国家经济搞不好，主要原因是没有像发达国家那样完善的市场经济制度，来自政府的干预、市场扭曲太多。因此，80 年代以后的发展援助，不管是来自发达国家还是多边机构的，都有条件，就是受援经济体必须先进行市场化改革。

虽然发达国家的用意是好的，但这么推行的结果是，按照这个思路去做的国家普遍面临问题：经济崩溃、停滞，危机不断。实际上 20 世纪八九十年代这段时间，发展中国家的平均经济增长速度比六七十年代还慢，危机发生的频率也比六七十年代高，跟发达国家的差距越来越大。而那些试图按照发达国家模式建立所谓完善的市场经济模式的改革，也是失败的。

原因有两个。一方面，原来很多扭曲之所以会存在，是因为存在一些效率很低的大产业，离开政府补贴就难以为继。这些产业虽然效率不高，但是雇用很多人，如果取消补贴放任这些产业“死”掉，就会出现大量的失业人员，导致政治不稳定。这是任何当权政府都不愿意面对的情况。另一方面，这些产业大多还是国防安全的基础。比如俄罗斯，从经济实力来讲，今天它在世界上只是二档国家，它之所以还能够跟美国抗衡，原因就是俄罗斯先进的军事工业，有了这些才有国防安全，才有国际地位。

基于这两个原因，即使建立了所谓完善的市场经济模式，因为不能让那些产业垮台，在进行私有化、市场化、自由化以后，把之前的扭曲取消掉，后面引进很多新的补贴、新的扭曲，效率更低。

另外，也有很多东西在发达国家看起来像是扭曲，但实际上跟发展阶段有关，未必就是扭曲。比如，我在推动非洲国家学习中国的招商引资模式时，过去我在世界银行的同事跟我讲，外国人不会来投资。我问他为什么，他回答，以埃塞俄比亚为例，来投资的外国老板如果想进口一辆私用轿车，需要付 200% 的关税，很少有老板愿意付这么高的税。他的意思是，如果你真的想招商引资，就应该把所有关税都取消掉。

我告诉这位同事，对进口车征收高关税一般是为了保护国内的汽车产业，埃塞俄比亚没有汽车产业，为什么要征收这么高的关税？其实，这是一个非常聪明的所得税。要征收有钱人的所得税非常困难，在发达国家都很难，在发展中国家更难，但是有钱人要进口汽车，因为要经过海关就很容易征税。这种情况下，如果建议把这种关税都取消掉，发展中国家就会马上损失很多财政收入和外汇来源。

20 世纪八九十年代时，人们过于相信这些问题都是市场能够解决的，所以像苏联、东欧那些国家推行“华盛顿共识”的改革之后出现经济崩溃、停滞，危机不断。比如，推行这种改革最彻底、最成功的是智利，但智利现在出现了很大的问题，30 多年间，其传统的产业不断消失，但没有新兴的产业出现。这就没有解决先行者的激励问题，而新兴的产业要出现，必须先对人力资本、基础设施、金融法治等环境进行改革。

也就是说，发达国家适合的制度不见得在发展中国家都适合，而且 20 世纪 80 年代以后基本上就没有考虑这种发展阶段的差异性，也没有清楚地认识到经济发展是一个过程，在这个过程中，必须让每个发展阶段都有竞争力，不仅要有竞争力，还要积累资本，产业要升级，技术要创新。

在产业升级、技术创新过程中，必须要有先行者，还要有给予先行者的激励性补偿。因为先行者要冒的风险比别人大，要付的成本比别人高，失败了成本要自己付，成功了竞争者就来了，没有垄断利润。先行者成功与否，除了取决于企业家自身的才能，还要看有没有合适的基础设施，如电力供应、法制环境、金融体系等外部支持。这些东西都不是企业家自己能做的，而仅凭市场是解决不了这个问题的。

市场失灵时，政府要发挥作用

在强调完善的市场的同时，面对市场失灵，政府也要发挥作用。事实上，2008 年金融危机以后，对于 20 世纪 80 年代开始推行的发展计划已经有很多反思了。在经济发展的过程中，一方面要有市场，另一方面要有政府，除了认为“市场解决一切”的市场激进主义，我都会接受。

市场是会失灵的，尤其是在经济转型、产业升级的过程中，一定会有市场失灵。当发生市场失灵的时候，需要建立有效市场，真正让市场来解决资源配置的问题，让企业家有最好的激励机制，需要政府有为。

当然，我们也怕政府过度有为造成扭曲，所以我说政府有为以市场有效为依归。如果你不把这两个辩证的关系讲好的话，市场可能出现两种趋势，其中一种是政府不作为，因为按照目前的氛围，好像只要政府作为就是错的，那可能政府就变成不作为了。

政府不作为的最典型例子就是智利。20 世纪 80 年代初，英特尔（Intel）是芯片生产的最主要的国际企业，当时 Intel 的计算机芯片的封装和测试主要在中国台湾、韩国和马来西亚进行。80 年代的时候，Intel 就想把一部分生产布局到拉丁美洲去，以便分散风险。因为东亚地区的成本比拉丁美洲高，到那边去可以节约成本。

1980 年年初，Intel 首先找了智利政府，因为智利各方面的发展水平在拉丁美洲都算是比较高的。Intel 对智利政府说：我这个投资非常大，我要地、要基础设施，另外智利没有做电子加工的技术人才，政府必须设立学校培养这方面的人才。智利政府答复 Intel：非常欢迎你来投资，但你来找我干吗？市场都会解决的。你要地，可以自己去征地；你要基础设施，可以自己去盖；你要技术人才，可以自己去培养。不需要政府做。Intel 说：如果你不做，我需要花多少时间？

而哥斯达黎加的做法正好相反。这个国家条件比较差，主要产业是农业、旅游业、鲜花等热带产品，基本上没有现代化的产业。哥斯达黎加总统听到这个消息以后，带着整个内阁去找 Intel 说：听说你想到拉丁美洲投资，投资需要哪些条件我都帮你。结果 Intel 就投资到了哥斯达黎加。20 世纪 80 年代，哥斯达黎加出口产品中基本没有制造业产品，现在 80% 以上是制造业产品。而且 Intel 成功后也跟着带来其他的投资项目，医疗器械等投资都过来了。

这两个例子说明，市场并不能解决一切问题。如果我们认为政府做的都是错的，很可能会导致政府不作为。

还有一种趋势，政府总是要作为，但是没有人告诉政府什么样的政府作为是对的，没有人去研究这个问题，那很可能就变成政府乱作为。所以，要避免政府不作为和政府乱作为，学者有责任把什么样的作为是对的、什么样的作为是不对的讲清楚。

产业政策也是这样，在大多数国家推行产业政策是失败的，但我们到现在也还没有看到一个成功的国家在追赶过程中是不用产业政策的，也没有看到一个国家是像美国、德国那样不继续用产业政策来帮助其产业发展的。这种情况下，作为学者的责任就是研究清楚什么样的产业政策会失败，遵循什么样的原则来制定产业政策会比较成功，怎样根据不同发展阶段的特性来制定产业政策。

我觉得这应该是一个比较理性的讨论，但是现在有一种舆论认为，政府作为是错的，所以政府的产业政策也是错的。但事实是这样吗？如果中国政府的产业政策都是错的，那这么多年的产业发展是怎么来的？这么多年经济转型的升级是怎么来的？我认为有改进的空间，但也不能因噎废食。

对中国经济“脱虚向实”有信心

2016 年中央经济工作会议之后，大家有一个解读是 2017 年的经济要“脱虚向实”。之所以出现这种情形，是因为中国的经济处于一个疲软的周期，采用的政策无非就是积极的财政政策或者宽松的货币政策。这种政策有一个问题，就是你不知道资金的导向会到哪边去。我们希望资金的导向是实体经济，但是大家在不清楚整个经济下滑的原因、未来的发展展望时，对实体经济投资的积极性不高。这种情况下，资金就会进入来得快、有一点投机性的地方，那就是股票市场和房地产市场。

中国经济“脱虚向实”，应更多地依赖财政政策，用财政政策的扩张来支持一些属于短板领域的投资。从政府的角度来看，短板领域里面的基础设施还有短板，尤其是城市内部的基础设施、环境和城镇化。这样就能维持一个比较合适的投资增长，而且民间对实体经济中产业升级投资的积极性会比较高。当然，也必须把银行和金融机构的资金更多地引导到实体经济的投资上去。

中国是一个发展中的转型国家，肯定有不少体制机制问题需要面对和改革，但我们也必须认识到当前的经济困难，除了自身有待完善的地方之外，还有一个国际周期的问题。

2010 年以后，中国经济增长速度逐步下滑，从 10.6% 下滑到 2016 年的 6.7%，2016 年是自 1990 年以来经济增长速度最慢的年份。从 2010 年到现在持续 7 年的时间经济增长速度下滑，是改革开放以来不曾有过的，这是事实。

但是我们也必须看到，世界上跟我们处于同一发展阶段的其他国家情形也一样，而且实际上都比中国严重。比如，2010 年时巴西的经济增长速度是 7.5%，2015 年的是 –3.8%，2016 年的是 –3.4%，它也是连续 7 年下滑，下滑幅度都比中国大。俄罗斯 2010 年的经济增长速度是 4.5%，2015 年的是 –3.7%，2016 年的是 –0.6%，同样下滑，下滑幅度比中国大。印度 2010 年的经济增长速度是 10.3%，2016 年的是 6.5%，一样也是下滑的。

这些国家没有中国这样的体制机制问题。比如，我们经常讲的体制问题，国有企业比重太高、国有企业效率低等，俄罗斯的国有企业早就私有化了，巴西、印度也是以私有企业为主的。我们常讲中国经济增长不可持续是因为投资太多、消费太少，而这些国家都不存在投资太多的问题。

不仅是金砖国家，目前东亚这些所谓的高收入、高表现经济体也是同样的情形。比如，新加坡 2010 年的经济增长速度是

15.2%，2016 年的是 2%；韩国 2010 年的经济增长速度是 6.5%，2016 年的是 2.6%，下滑幅度比我们大。中国台湾地区 2010 年的经济增长速度是 10.8%，比中国大陆还快，2016 年的经济增长速度没达到 2%。这些都是所谓的高收入、高表现经济体，也就是说，我们目前存在的这些体制机制问题，它们基本没有，怎么也会这样子？其实就是大家还没有从 2008 年的国际金融危机中走出来，发达国家长期的平均增长速度如美国应该是 3.5%，2016 年只有 1.6%，欧盟国家也一样，2016 年差不多是 1.6%，日本 2016 年是 1% 的增长，都没有达到 3.5%。

在这样一个国际周期之下，发达国家发展不好，出口一定减少。2008 年时，每个国家、经济体都采取了一些反周期的财政政策来进行一些投资，这些项目五六年时间就建成了，但国际经济还没有恢复，所以大家投资的积极性低，这是现在经济下滑的一个很重要的原因。

这种情况下怎么恢复信心？这是相对而言的，跟发达国家比，中国的投资机会还比较多。比如，发达国家现在能找到很多投资机会，一个最主要的原因是发达国家在经济下滑的时候，跟中国一样面临产能过剩问题，但其产能过剩是在全世界最先进的产业上产能过剩。中国现在也讲产能过剩，但是中国的产能过剩都在中低端，在向高端升级，而且向高端升级的空间非常大。

在这种情况下，要分析形势，中国经济下滑的原因是什么，中国产业投资升级的空间在什么地方。中国要维持每年6.5%的经济增长，争取达到6.5%以上是完全有条件的。现在中国的经济总量占全世界经济的15%，每年对世界的贡献就是一个百分点，全世界的经济增长是3%，意味着每年世界市场的扩张有30%在中国，这是非常好的机会。所以在整个国际疲软周期中，中国的机会还是最好的，中国的工业部门、企业家应该有信心。

中国政治制度未来可能的演化路径[①]

汪丁丁（北京大学国家发展研究院教授）

在扩展的阿西莫格鲁与罗宾逊框架里，我试着讨论中国政治经济与社会演化的未来可能路径。下图展示的那条从原点出发指向“经济繁荣与政治民主”的粗箭头，代表一条正常的社会演化路径，它是我想象的中国未来各种可能演化方式的参照路径。我需要解释沿着参照路径发生了哪些事件或存在哪些“阈值”（二级相变的临界点）。

① 本文初刊于汪丁丁在财新网的专栏。

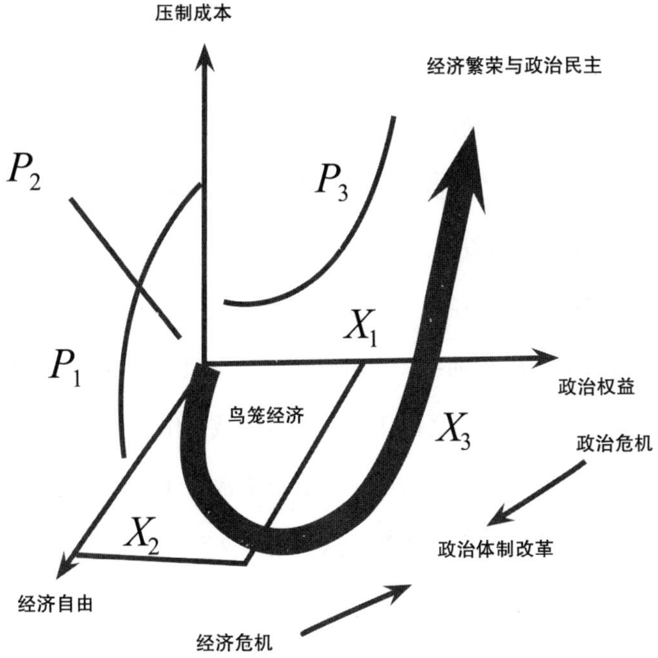

扩展的阿西莫格鲁与罗宾逊框架内中国政治演化的未来可能路径

首先是确定演化的开端，即图中标示“鸟笼经济”的区域。回顾中国改革思想史，在图中的框架内，我给出这样一个定义：鸟笼经济就是将公民的经济自由限制在公民政治权益不超过引发根本性政治变革的限度之内。这一限度，由“经济自由—政治权益”平面内的矩形表示，这里假设压制成本是零或小到可以忽略。

事实上，这里出现的是中国政治制度未来演化的第一种可能性，即政治经济社会始终在这一矩形之内徘徊。不过，一个社会若要长期维持这样的状态，它的公民智力水平必须长期维持在某一阈值之下。只要有经济自由，经济生活必定促使知识积累与智力增长，于是政府必须采取长期措施抑制知识积累与智力增长，但这些措施很可能降低经济自由从而损害经济发展。也是在这一意义上，10 年前我提醒我的读者：中国政治体制改革的严重滞后已开始拖累中国经济发展。

与第一种可能路径对应的是图中的“经济自由—压制成本”平面之内标记为 P_1 的曲线，它假设压制成本随经济自由的增加而降低。在鸟笼经济矩形之内接近原点的区域，压制成本可能相当高，以至政府与公民达成妥协——沿着正常的演化路径优先发展经济。根据改革思想史的考察，这正是“文革”后期中国的政治经济格局。从最近的报道判断，这也是朝鲜目前的政治经济格局。P_1 的意思是，鸟笼经济矩形内的技术进步，更倾向于降低压制成本，当社会演化接近经济自由维度上的阈值 X_2 时，压制成本最低。在政治体制改革的视角下，与 P_1 对应的是鸟笼经济在政治权益维度上的阈值 X_1——越过这一阈值就意味着根本性的政治变革。不过，许多案例表明，即便在根本性的政治变革之后，仍可能发生对变革成果的颠覆。所以，在这一维度上还有一个阈值 X_3，一旦越过这一阈值，政治体制改革就变得不可逆转——压制成本足够高，以至统治者只能通过与公众达成一连串政治妥协来维持统治，虽然双方都明白，政治妥协意味着进一步扩大公众的政治权益，从而进一步提高未来的压制成本。

与 X_1 和 X_3 对应的，是“政治权益—压制成本”平面内的曲线 P_3。这条曲线假设，当政治权益超过阈值 X_1 时，压制成本开始上升，并且当政治权益超过阈值 X_3 时，压制成本以足够快的速度上升，从而使政治体制改革变得不可逆转。

未来第二种可能路径，基于假设 P_2，这是位于“经济自由—压制成本”平面内的另一曲线。它的意思是，压制成本随经济自由的增加而上升，并且——这一性质非常重要——当经济自由接近鸟笼经济的边缘 X_2 的时候，压制成本上升到如此高的水平以至政治权益超越阈值 X_1 成为自然发生的事情。我们从蒂利报告的那些案例研究可知，第二种可能路径其实已在一些国家发生过了，或许，这些越过了阈值 X_1 的（第三波民主化）国家没有机会越过 X_3，于是政治变革的成果后来被颠覆了。种种迹象表明，中国经过 30 多年的改革与发展，似乎正处于 X_1 和 X_3 之间，即改革可能被逆转，也可能进入不可逆转的演化阶段。

目前还在迅猛发展的移动互联网技术，很可能支持假设 P_2。目前的“恐怖主义”与各国“反恐”的策略，可能支持也可能不支持 P_2。“武器的批判”，马克思指出，毕竟代替不了“批判的武器”，虽然批判的武器迟早可以转化为武器的批判。根据武器技术的进步速度，不难想象，茫茫人海，任何一名普通人可能掌握的火力很可能等于 10 年前一名士兵可以掌握的火力。所以，武器的批判与反恐措施很容易形成攀比，难分高下。关键是，具有规模效应的军事技术并不适合用来对抗藏匿于人群中的少数恐怖主义者的武器。总之，P_2 可能是比 P_1 更现实的假设。虽然 P_1 和 P_2 都只假设压制成本是经济自由的单调函数，但或许更现实的是，假设压制成本是经济自由的非单调函数，例如先下降再上升，或先上升后下降。

未来的第三种可能性，即由危机推动的政治体制改革可能越过阈值 X_1。此处危机可能有两种，即图中右下方标记的“经济危机”和“政治危机”。足以触发政治体制改革的经济危机，如希克斯指出的那样，它的主要效应是使中央财政的岁入枯竭。我们知道，官僚制度（不论是俾斯麦意义上不徇私情的官僚还是马克思说过的东方式的腐败官僚）具有很强的稳定性，唯其如此，它才可成为韦伯所说的奇里斯玛人物之后维持社会正常运转的制度。因此，中国 2 000 年官僚政治的一项重要遗产，希克斯描述过，就是元代和清代的统治者必须尽力恢复官僚政治以维持社会的正常运转。

诺斯注意到，权力具有强烈的收益递增性质，即权力欲望随权力的增加而增加，从而要求更大的权力。因此，官僚阶层的扩张冲动随官僚阶层的扩张而具有增强的倾向，从而要求更大的扩张。对照 21 世纪第二个 10 年和 20 世纪 50 年代中国各部委和省部级机构正副职干部的数量以及下属各级干部的数量，然后估算官僚阶层需要消耗的赋税总值，不难发现，官僚阶层的扩张与官僚阶层为纳税人提供的极少服务相比而言的“净税负”，早已达到了国家规模和国民税负通常允许的上限。以往精简机构的努力不见成效，因为官僚阶层的稳定性越高，也就意味着它维护自身权益的能力越强。

所以，在政治体制改革视角下，经济危机的意思是引发中央财政岁入枯竭，于是可能导致上述第三种政治演化路径，姑且记为 P_3——与上述的曲线 P_3 的含义一致。财政岁入枯竭，在“文革”后期，迫使周恩来和李富春提出了关于“三个突破”[①] 的那份内部报告。毛泽东深谙中国文化和中国百姓的需求层次。李泽厚只用四字概括中国实用主义文化传统——“吃饭哲学”。如果城里人领不到工资、吃不饱饭或从工厂被退回农村的话，维稳成本可能突然增加。这就是“三个突破”对中国的冲击，周恩来和邓小平随之主持工作，虽然持续时间不长。事实上，“文革”后期，从1971 年到 1976 年毛泽东辞世，发生了三次这样的反复。这些政治举动相当于启蒙运动，最终使维稳成本上升到必须改革的程度。而且改革的初衷，也因经济的全面崩溃而达成“市场化”这一方向的共识。[②]

第四种可能性源于政治危机。海内外的观察家都明白，邓小

---

① “三个突破”即 1971 年全国职工人数突破 5 000 万，工资总额突破 3 000 亿元，粮食销售量突破 800 亿斤。

② ［美］傅高义. 邓小平时代［M］. 冯克利，译. 香港：香港中文大学出版社，2012.

平的“改革开放”政策，实质是以开放促改革。事实上，当时党中央已开始派干部到西方考察并促成了之后的“洋跃进”错误。依照时任副总理邓小平的指示，1978 年 5 月 2 日—6 月 6 日，谷牧率领经济考察团出访欧洲五国（法国、瑞士、德国、丹麦和比利时）。考察团成员——他们大多是当时领导中国经济的高级干部并由时任总理华国锋亲自指定为考察团成员——感受到的巨大思想冲击持续了很长时间，这次出访被傅高义视为改革开放的三个转折点当中的第一个——“它和 1978 年 11 月的中共十一大以及同年 12 月的三中全会一起，成为中国改革开放的三个转折点”[①]。对大国而言，现代政治危机很少来自外敌入侵，更常见的，如谷牧和他的考察团成员感受到的那样，是精英群体长期信奉的基本观念之颠覆。当时确实有许多老共产党员，在西方考察期间目睹了资本主义的经济繁荣和政治民主之后，要么陷入沉默，要么疾呼变革。

如上所述的由精英群体的基本观念之颠覆而引发的政治体制改革，姑且记为 P_4。在戈尔巴乔夫主政时期，苏联进入了这一演化路径。在普京主政时期，这一时期的民主化在相当程度上被逆转（但并未完全逆转）。作为对比，发生在匈牙利和捷克等国的 P_4 演化更加充分，从而不可逆转。

---

① ［美］傅高义. 邓小平时代［M］. 冯克利，译. 香港：香港中文大学出版社，2012.

审慎考察中国现状，我认为上述四种可能的路径，很难判断哪些是具有更大概率的路径。所以，我更愿意认为它们是等概率事件。不过，由于社会演化的复杂性，我不应排除上述四种可能性之外更多且更复杂的可能性。众所周知，复杂社会更容易崩溃[①]，所谓“墨西哥湾一只蝴蝶振翅频率的改变可引发得克萨斯州的一场热带风暴”[②]。但经济发展就是劳动分工及分工的协调方式不断细化和复杂化的过程，也是知识分工与协调知识分工不断细化和复杂化的过程。因此，我曾判断，由于市场经济的发展，中国社会大约从2003年以来就进入了高风险时期——这一判断几乎立即获得了经验支持，即以往十几年发生的食品、衣物、交通、水源、土地、住房、医药、空气污染以及几乎一切日常生活的安全危机。在我的判断里，这一时期也是中国社会迅速官僚化的时期。官僚化程度越高，中国社会应付不确定性的能力就越弱。

上述情形或许促使中国的精英群体形成旨在“去官僚化”的改革共识，如果精英尚未普遍失灵的话——这是一个严重的问题，因为相当普遍的判断是，中国不再有精英——要么精英失灵，要么精英错位。于是，求解根本问题之前，有必要寻求新的对话平台并使对根本问题保持敏感的社会成员发出自己的声音。我认为，

---

① ［美］约瑟夫·泰恩特．复杂社会的崩溃［M］．邵旭东，译．海口：海南出版社，2010.

② LORENZ E N. The Essence of Chaos[M]. Seattle: University of Washington Press,1993.

这是一项长期任务。

总结我这篇长文：民主化是中国政治不可避免的前途；各国经验表明，中国的民主化可能需要几百年时间才可趋于稳定；目前学术界应在各种未来可能的政治演化路径中探讨那些更应选择的和实际上可以选择的路径，而这些选择十分依赖于在传统的和现代的官僚制之间寻求合适的混合。

中国需要新的政治经济学[①]

姚洋

习近平在 2016 年 5 月 17 日哲学社会科学理论工作座谈会上，希望学界能从中国的实践总结出自己的理论，加强话语体系建设。

目前我国哲学社会科学在国际上的声音还比较小，处于有理说不出、说了传不开的境地。所以要打造易于为国际社会所理解和接受的新概念、新理论，引导国际学术界展开研究和讨论。我认为这个要求是非常正确的。

从以上考虑出发，我在新政治经济学方面做了一些研究。本文重点就新政治经济学在中国的意义、研究方向进行探讨，并对若干问题进行一些反思。

① 本文及后续两篇为姚洋政评系列，初刊于《南风窗》。

新政治经济学在中国具有重要意义

中国是一个巨型国家，国土面积超过欧洲，人口是欧洲的2.6倍。中国有自己的文化、历史和政治传统。中国的独特之处在于实行的不是西式民主制度。中国共产党体制的优点在哪里，缺点在哪里，都需要我们去研究和总结。

我们要以一个积极的态度对待这个体制。现在的知识分子和这个体制之间有一定的张力。这个张力既有体制方面的问题，也有知识分子方面的问题。也许有知识分子不太认同这个体制，觉得它顶多是过渡性的，几乎没有人认真研究它。在没有认真研究的情况下否定现有体制，我觉得这是知识分子的问题。

目前学界偏向于找些中国的数据，然后验证一下国外已有的理论，这样很容易在国外期刊上发表。但是，一个十分不好的倾向就是，关于中国负面问题的研究更受国外期刊的青睐，有损中国的声誉。

这不是说中国没有问题，我们问题一大堆，但关键是研究中国问题对经济学的贡献大，还是总结中国成功经验对经济学的贡献大。中国经济毕竟是成功的方面更多。如果我们不去总结中国成功的地方，而是天天给中国挑错，实在辜负了这个时代，辜负了我们作为经济学家的责任。

挑错很容易，哪个体制都不能避免错误，比如美国的枪支问题就没法解决，但光挑错是不可能构造出伟大理论的。相比之下，西方经济学家留下来的伟大理论都是为当时的体制辩护，至少为他们认为先进的体制辩护。总结中国成功经验在国外发表文章可能会有难度，但这不应该成为障碍，毕竟还可以在国内发表。

中国经济学界最可能对经济学做出贡献的是政治经济学。在目前的情况下把中国的政治经济学搞清楚是十分重要的。经济学的优势在于有一整套的理论，以及经验研究的方法。这是别的社会科学很难超越的一个非常重要的特点。

新政治经济学的研究方向

首先，新政治经济学研究国家与经济、社会的互动，研究什么样的体制有利于经济增长。《国家为什么会失败》一书就在回答这个问题，但这本书的结论很简单，并把中国划入反面阵营。

我的一个学生在麻省理工学院攻读政治学博士学位，在课上和这本书的作者阿西莫格鲁争论起来，说他对中国的看法是有问题的。阿西莫格鲁的回答是中国的体制是不可持续的，总有一天会撞上南墙。

这种论断毫无意义。一个理论如果解释不了过去30多年里世界上最成功经济体的成功原因，那这个理论肯定是失败的。

目前已有一些理论研究，但是经验事实不多，研究者对现实世界的了解还不够。在美国，大家都愿意做理论研究，因为一旦提出新理论后就可能有人跟着你做，但好多理论和现实不符。

我们中国经济学家要多做一些经验研究，先理解这个社会，然后才能上升到理论。比如，平等如何促进经济增长，不平等如何阻碍经济增长，或者不平等如何在某一个阶段阻碍经济增长、在某一个阶段促进经济增长？这些都需要研究。

其次，新政治经济学研究政府在经济运行中扮演的角色。这是个老问题，但没有研究透。讨论政府要不要干预经济是没有意义的，政府当然要干预经济，美国政府也干预经济。关键是以什么形式干预，在什么阶段干预，做什么事情。在不同的发展阶段，政府起的作用是不一样的。这方面还没研究清楚。

再次，新政治经济学偏重于研究国家层面的制度和制度变迁，不会去研究企业层面、经济层面的。这是新政治经济学与制度经济学、新制度经济学的区别。制度经济学或者新制度经济学主要研究生产组织方式，特别是产权对经济发展的影响，一般比较微观。

最后，新政治经济学研究对于官员的激励问题。就中国而言，我认为应该研究的是主动激励的作用，因为在其他国家都是被动激励。被动激励就是限定约束条件，让官员不能做什么。主动激励是想让官员做什么。

对比来看，老政治经济学研究经济组织方式、分配方式及其对经济运行的影响。作为老政治经济学的代表，《资本论》是100 多年前写的，是马克思对当时的资本主义的研究成果，注重阶级斗争。

我们现在是一个共产党领导的国家，共产党是代表全体人民的。新政治经济学的领域更加广泛，注重研究当下的现实问题，并提出解决方案。

对于若干问题的反思

第一个需要反思的问题是对于中华人民共和国成立前 30 年和后 30 年的评价。这方面的争论非常多。我认为要一分为二来看前 30 年我们哪些地方成功了、哪些地方失败了，不能全盘肯定或全盘否定。基于意识形态进行全盘肯定或全盘否定都是偷懒的做法，不是学者应该有的态度。

比如在工业化这个问题上，在当时的情况下，恐怕重工业化是唯一的选择。当时建立的重工业企业培养了很多技术人员，很多企业现在能和国际一流企业竞争。现在看来，如果没有当年的重工业化，很难想象有中国后 30 年的经济起飞。

第二个需要反思的问题是社会改造的得与失。中国共产党是个现代化的政党，一直延续了革命的理念，深信社会改造的作用，在社会平等方面做了很多工作。

其中妇女解放是个突出的例子，在 1949 年之前，妇女的地位是极其低下的，男人可以纳妾，女人要待在家里，不能出来做工。我现在的一个博士生研究 1950—1990 年女性党员数量对性别失衡的影响，通过对 1 200 个县的数据研究，得出的结论非常鼓舞人心：女性党员占全部党员的比例越高，这个县的性别比例越平衡。

为什么强调妇女解放？因为今天我们在退步，女性地位在下降。现在女性就业率只有 62%，跟日本一样。这些都需要研究。

当然，社会改造的破坏性也很大，特别是“文革”，这也必须要承认。

第三个需要反思的问题是对外开放。大家都说对外开放很重要。然而非洲国家比中国还开放，结果失败得一塌糊涂。在这方面的教训还有拉丁美洲。对外开放没有错，但在开放的同时，还要做下面三件事。

第一，保持财政政策和货币政策的纪律。拉丁美洲为什么最后出现问题？就是财政部发债券，然后由央行买进，实际上就是财政赤字货币化，最后导致通货膨胀。这跟国民党在内战时的做法一模一样。

这样的政府不崩溃才怪。中国在这方面做得非常好，政府在发债方面比较谨慎，比如财政赤字长时间不能超过 GDP 的 2%。最近到了 3%，已经是一个非常大的突破。

第二，促进经济发展，保护产权。中国过去 30 多年的改革都在促进经济发展，不过在保护产权方面做得不是很好，但是也在改进。

第三，有管理的对外开放。中国是在开放，但不是盲目地开放。在加入世界贸易组织之后，我们知道哪些地方可能要受到冲击，并立即采取应对措施。拉丁美洲的开放就是无条件的，开放之后政府什么也不做，很快就开始去工业化的过程。

中国对于开放的管理有不少例子。比如对于汽车产业，中国有股权比例、技术转移的要求。以前对汽车产业保护得太厉害了，几个合资企业躺着就可以赚钱。开放之后它们面临竞争，就开始转移技术。现在合资公司生产的车越来越好，国产车占到30%—40% 的市场份额。

另一个例子是关键行业的国内采购比例。我不是盲目地赞同要保护国内的产业，但在有些地方我觉得政府出手是对的。比如西电公司做的主要就是输电线设备，20 世纪 90 年代初期的时候经营困难，如果当时政府放手不管，西电公司就不存在了。刚好赶上了三峡大坝建设，当时有国内采购比例的要求，一下子把西电公司救了。此后西电公司就有了钱，不断发展，到今天可以跟西门子竞争。

最后一个例子是汇率制度。经济学家几乎一边倒地说固定汇率有问题，实际情况不见得。不仅仅是中国采用固定汇率，联邦德国采用了，日本也采用了，它们直到 20 世纪 70 年代才放弃。

韩国和中国台湾地区直到 1997 年之后才放弃固定汇率。全面否定固定汇率是不对的，不能盲目地接受西方正统经济学的观点。类似的还有出口补贴。

第四个需要反思的问题是有效的制度和制度变迁。非洲的利比里亚是从美国回去的奴隶建立的，然后照搬了美国全套的制度，结果这个国家今天还是世界第二穷的国家。中国的实践就是造就一大批适应型的制度。它们不是标准的制度，而是和现有制度相契合的制度。

我们总是在不停地创造这种制度，这种制度看起来不符合理想主义，但是管用。中国崇尚务实主义。务实主义，可以提到哲学的高度。

最后一个需要反思的问题是对官员的正确激励。有人认为，中国对官员的激励靠腐败，也就是放手让官员去贪，只要官员把事情给做好就可以。这就是所谓的润滑剂理论。这是错误的。如果说经济发展这么简单，那全世界早就发展起来了。西非腐败遍地，但就是发展不起来。

中国对官员的激励来自以下几个方面。一是升迁。经济学家对县、市和省级层面官员的研究表明，那些在任期内保证较高经济增长速度的官员更容易得到升迁。一个人进入体制，最大的愿望是获得升迁；党内的提拔制度保证在平均意义上更有能力的官员获得升迁，因而给官员提供了强烈的发展地方经济的激励。

二是地方财政。中国是世界上财政最分权的国家，地方官员发展地方经济就可以获得更多的财政收入，从而更可能完成自己的发展理念和抱负。这也是对官员的激励。

三是文化和党纪。中国的儒家传统对统治者和士大夫提出很高的道德要求，直到今天这个传统仍然在起作用，并被党纪强化。

毛泽东早就说过，中国要对人类做出更大的贡献。我们现在已经到了一定的富裕程度，所谓“更大的贡献”，应该是在精神和文化层面。我们不妄自尊大，但也绝不可妄自菲薄。

自鸦片战争以来的中国伟大实践是人类由古代社会迈向现代社会的一部分，且走了一条独特的道路。研究和总结这条道路不仅对中国有意义，而且对世界有意义。

与此同时，研究中国不是对现存制度的简单辩护，而是要推动它的革新和改进。在这方面，哲学社会科学学者负有不可推卸的责任。今天的中国知识分子，不应该辜负这个伟大的时代，要从中国的伟大实践中总结和提炼属于我们自己的理论。

可信承诺与国家治理现代化

姚洋

对于任何体制而言，如何在确保执政者权威和控制权力的滥用之间取得平衡，都是一个必须解决的基本问题，中国共产党也不例外。

现代西方民主制度解决这个问题的办法是在国家治理框架中设立分权制衡机制。这个机制显然不适用于中国国情，因为中国共产党同时领导立法、行政和司法。然而，这不等于说中国共产党不能借鉴他国的治理方法，正如中国社会主义并不排除市场经济一样。

分析中外历史上国家治理的经验、教训和警示，可以为我们推进国家治理体系和治理能力现代化提供有益的借鉴。

根据钱穆先生的研究，我国在人类文明的轴心时代就建立了具有现代特征的国家治理机制，到了唐代，这个机制达到巅峰。

可信承诺与欧洲的现代化

诺贝尔经济学奖获得者道格拉斯·诺斯及其合作者、政治学家巴里·温加斯特对于英国“光荣革命”的研究，为我们理解执政者权威做出了开创性的工作。1989 年，他们合作在《经济史杂志》上发表文章《宪法与承诺：17 世纪英国公共决策制度的演化》，详细阐述了光荣革命如何通过限制国王的权力而使国王获得预算权威的过程，其核心思想是，国王放弃部分权力是他不再任意征税和借款的“可信承诺”，从而获得了议会的支持。

发生于 1688 年的光荣革命，终结了英国始于 1642 年的革命和动荡。光荣革命之前，复辟的查理二世和他的弟弟詹姆士二世都毫无节制地向议会借款，但不讲信用，常常赖账。最终，议会配合詹姆士二世的女儿玛丽和她的丈夫威廉从法国打回英国，让他们做了联合国王，詹姆士二世被流放法国。因为没有流血，所以被称为“光荣革命”。

一般认为，光荣革命是英国宪政制度的开端。玛丽和威廉于 1689 年签署了《权利法案》，确立了议会的权威，同时大大限制了国王的权力。首先，税收成为议会专有的权力；其次，国王可以提出预算，但预算必须得到议会的批准；最后，受王室控制的星法庭被废止，普通法法庭的地位得到加强。议会的权力也受到限制。议会无权提出公共支出项目，政府开支的权力仍然由国王掌握；同时，议会的行动也必须置于法庭的监督之下。代表新兴商人利益的辉格党人在议会中占据绝对优势，他们不愿干涉普通法法庭的运转和权威，从而加强了法庭的独立地位。总之，光荣革命之后，英国初步形成了王权（行政）、立法和司法三权分立的现代宪政格局。

光荣革命之后，英国不仅在政治上获得稳定，而且大大增强了国王的财政能力。革命之前，国王往往言而无信，大肆拖欠向议会借的款项，结果是他能够借到的款越来越少，并最终被议会推翻。国王手中拥有的无限权力成为打败他自己的武器。革命之后，国王的预算必须经议会认可，这使得国王的还款承诺变得可信了，国王能够借到的钱不但没有减少，而且反而增多。英国因此发生了一场财政革命，英国政府的财力大大加强。1688 年，政府财政支出只有 180 万英镑，到 1710 年就上涨到 980 万英镑；与此同时，政府借款也由 100 万英镑上升到 2 140 万英镑。这大大加强了英国在与法国的战争中的优势地位。此外，英国的私人金融业高速增长。股票市场交易量由 17 世纪 90 年代的每年 30 万英镑增长到 18 世纪第二个 10 年的每年 1 100 万英镑；利率则由 1690 年的 8%—14% 下降到 1730 年的 3%；继英格兰银行之后，多家私人银行出现，到 18 世纪 20 年代达到 25 家。

可信承诺也被两位当代著名经济学家德隆·阿西莫格鲁和詹姆斯·罗宾逊用来解释欧洲的民主化进程。他们于 2000 年在美国《经济学季刊》上发表文章《为什么西方扩大选举权：历史视野下的民主、不平等和增长》，从理论上探讨了选举权在再分配方面所扮演的可信承诺角色。欧洲的民主化不是一蹴而就的，而是经历了精英与平民之间的长期斗争。

阿西莫格鲁和罗宾逊认为，精英本可以通过给予平民更多的再分配打消平民参政的意愿，但这个承诺是不可信的或者是时间不一致的，因为一旦平民相信了精英的诺言，未来的精英就有动机反悔，不给平民再分配。在这种情况下，精英和平民之间就会陷入无休止的争斗之中。为了平息平民的争斗，只要相信他们还可以掌权，精英就有动力给予平民参政的权利。平民获得选举权之后，再分配的决定由平民占多数的议会做出，因而是可以执行的。这样，再分配的承诺就变得可信了，精英的地位也得以保全。尽管这个解释是对欧洲民主化进程的极大简化，而且也可能没有抓住欧洲民主化进程的实质，但是，它关于可信承诺巩固精英地位的思想，仍然值得我们深思。

从欧洲的历史看，绝对的权力不等于绝对的权威，原因在于，在没有任何权利保障的前提下，被统治者不可能相信统治者的承诺，哪怕这些承诺是出于统治者的好心。

中国历史的启迪

根据钱穆先生在《中国历代政治得失》中的研究结论，我国在人类文明的轴心时代就建立了具有现代特征的国家治理机制（因而他说中华文明是一个“早熟”文明），到了唐代，这个机制达到巅峰，其中一个主要表现是相权和皇权的分离。尽管皇帝具有崇高的权力，但他的行政和司法权力受到宰相的钳制。唐代设中书、门下和尚书三省。中书省主官为宰相，和门下省合组“政事堂”，主管起草皇帝的敕令；尚书省主管执行，相当于民国时期的行政院。政事堂的权威是很高的，“不经凤阁鸾台，何得为敕”（武则天把中书省改称为凤阁，把门下省改称为鸾台）。可惜的是，唐代之后，相权被大大削弱，皇权上升。宋代仍然有中书省，掌管皇帝敕令的起草权；明代废弃相位，宰相的职责由皇帝担任；清代则形成了皇帝的完全集权，在许多场合，秘密统治机制代替了公开的制度。

钱穆先生认为，不能把清代的绝对皇权等同于中国的全部历史，中国从轴心时代到唐代建立和完善的国家治理模式是对人类社会的一大贡献。这一点也得到美国当代著名政治学家弗朗西斯·福山的认同。在《政治秩序的起源》一书中，他认为中国是最早建立现代国家治理的国家。

中国自古就是一个幅员辽阔的大国，如何统治这样的一个大国是历代君主都费尽心机的大事。地方自治是实现统治的方法之一，所谓“皇权不下县”，就是很好的写照。清代是除元代之外中国疆域最大的王朝，且民族众多。作为少数民族政权，满族统治者深谙治理之道，不仅给予少数民族较大的自治权，而且官方文件亦使用满、汉、蒙、回、藏 5 种文字版本。中华人民共和国继承了中国传统的单一制体制，同时尊重少数民族地区的自治权。但要在单一制下管理一个幅员辽阔的大国，既保持中央的权威，又调动地方的积极性，并不是一件容易的事情。中华人民共和国花费了 40 多年才找到较好的办法。

20 世纪 50 年代，中华人民共和国百废待兴，为加快工业化进程，中央政府实行对全国财政的集权化管理，但其弊端很快就显现出来。毛泽东于 1956 年发表《论十大关系》，其中之一大关系即是中央和地方的关系。他要求在巩固中央统一领导的前提下，扩大地方的权力，让地方办更多的事情，发挥中央和地方两个积极性。这个观点被 1958 年的“大跃进”放大，地方获得极大的自主权，但同时也造成了极大的混乱，三年调整时期不得不做出回调。“文革”时期，地方再次获得较大的自主权，中央和地方的财政关系不得不隔三岔五地调整。

1977—1979 年开始搞地方财政包干试点，1980 年开始全面实行财政包干制度。这个制度的核心是“交够国家的，剩下全是自己的”，因而极大地提高了地方的积极性。“放水养鱼”成为各地，特别是沿海地区地方政府的施政方针，我国的宏观税负因此从计划经济时代的30%以上降低到20%以下，为改革开放早期的经济增长提供了充足的动力。然而，财政包干也带来了巨大的负面效应。中央政府财政能力弱化，到1993年财政包干结束的时候，中央财政收入不到全部政府预算收入的20%；财政纪律涣散，税收收入降至国民生产总值的12%，地方政府的大量收入来自各种经营和收费。在这个背景下，时任副总理朱镕基强力推动分税制改革，将中央和地方的财政关系以分税的形式确定下来，并大大加强了中央层级的收入份额。

钱颖一、许成钢和他们的合作者的理论和经验研究表明，在计划经济时代，中央政府可以随时收回地方政府手中的财政权力，并可以直接干预地方经济发展。从包干制开始确立的地方政府的财政权，在中央和企业之间竖起一道防火墙，有效防止了中央随意干预企业的企图。许成钢还认为，中国之所以取得这样的成功，和有一个强大的中央政府是分不开的。通过掌握地方官员的政治任命权力，中央政府可以有效地控制地方官员，并为他们提供充足的正向激励。

中国共产党与国家治理

现代社会是一个复杂系统，分工因而变得必不可少，价值多元成为社会的主流形态。在此之上，中国又是一个国土面积和人口上的巨型国家，如何在这样的一个国家实现党的集中统一领导，同时防止权力的腐化和滥用，仍然是一个亟待从制度上解决的问题。

现代国家是一台复杂而精巧的机器，作为国家的领导力量和宪法架构的一部分，中国共产党必须能够娴熟地驾驭这台机器。

党与人民代表大会之间的关系是清晰的。一方面，对于重大立法事项，党把握立法方向，提出立法建议；另一方面，党考察和选拔政府后备干部，向人民代表大会建议官员人选。在政协方面，尽管仍然有很大的改进空间，但党与政协的关系也业已由宪法和政协章程予以确立。同时，我们强调坚持党的领导、人民当家做主、依法治国有机统一。如果司法严格按照程序和法律办理案件，同时人民代表大会也尽到了监督责任，那么，党的领导就是完备的。在这方面，例外情况的处理需要特别给予重视。

2016 年诺贝尔经济学奖获得者奥利弗·哈特的主要贡献是揭示了契约的不完备性及其对经济和社会的影响。比如，装修合同无法把所有装修的细节都写进合同，因而会导致施工队的道德风险问题。法律的本质是一套社会契约，和其他契约一样，也是不完备的，不可能穷尽世间一切可能发生的事情，因而，在法律的执行过程中，总会出现例外。当例外出现的时候，法官的判决具有造法功能。

法律是对社会的一种承诺，既然党主导立法过程，党尊重法律就是尊重自己的承诺。在常态下，各级党政官员不应该干预具体的司法个案。党的领导在中国具有历史、政治和法理上的正当性，但是，要取得民众的政治认同，各级党的领导干部都必须尊重党自己主导制定的法律和程序。也就是说，任何组织或者个人包括各级党的组织，都必须在宪法和法律范围内活动。

和其他国家相比，我国的法律对民众权利的保护并不差，在许多地方甚至好于一些国家。如果党尊重自己主导制定的法律，民众就会有安全感，接受党对社会的承诺，从而认可党的执政合法性。

所以，防止各级党政官员对具体司法个案的随意干预就非常重要。如果党政官员随意干预具体司法个案，民众就会觉得法律是可以被随意解释的，从而会对自己的权利产生疑虑，对法律失去信心。尽管在例外情况下的某些干预行为具有合理性，但如何定义“例外”是不明确的，民众并不知道“例外”是真实的还是某些人或机构根据自己的利益或判断确定的。

前面说过，党的工作必须通过复杂的委托—代理关系才能够完成，与司法相关的代理者如果出于自利或自保的目的，可能扭曲司法过程和结果。为防止司法变成一些权力拥有者或机构谋取私利的工具，需要有一道防火墙。在这方面，2015 年印发的《领导干部干预司法活动、插手具体案件处理的记录、通报和责任追究规定》是一次有益的努力和尝试。

那么，如何处理例外？其实，我国的司法实践已经形成了一套行之有效的办法，即最高人民法院的司法解释。这些司法解释是对法官新判例的总结和归纳，具有法律效力，各级人民法院必须遵照执行。党对例外的指导，完全可以通过对司法解释的领导得以实现。

中国共产党领导是中国特色社会主义制度的最大优势。我们要借鉴历史有益经验，推进国家治理体系和治理能力现代化。

重建中国的政治哲学

姚洋

早在1989年，弗朗西斯·福山就断言，自由主义民主（liberal democracy）将终结人类历史。20多年之后，福山自己却开始怀疑这一断言的可靠性。在其新著《政治秩序与政治衰败》中，他看到了民主政治的衰败，认为裙带主义（clientlism）是其中的罪魁祸首。

裙带主义指的是政客为了获得政治支持，通过给予特定人群好处以获得后者支持而建立的一种交换关系，它腐化政治、分化社会，最终导致社会的不可治理性。

然而，用裙带主义解释民主政治的衰败，是对民主政治的技术性批判，没有触及民主政治的实质。当代民主政治的哲学基础是自由主义，而后者是建立在个体价值基础之上的乌托邦理想，强调个体之间的绝对平等，忽视了个体之间的差异，如果推向极致，就会导致极端的个人主义。

当精英主义制度仍然发挥作用的时候，民主制度尚可以正常运转。但是，在 20 世纪 90 年代开始的新一轮民主化大潮的冲击下，自由主义造成的矛盾被一再放大，从而导致当代西方民主走向衰败，特朗普的当选、英国脱欧以及难民问题在德国引发的混乱，可以看作这个衰败过程的一次集中爆发。

由此，我们需要重新审视中国政治哲学的基础。当 200 多年前西方开始迈入现代社会的时候，西方知识分子从自己文明的源头寻找政治重建的资源；我们也应该从中华文明的源头开始，重建中国的政治哲学。

由此，一旦重读轴心时代思想家的经典，我们就会惊喜地发现，儒家可以为我们提供比自由主义更为可靠的政治哲学基础。

儒家对人性的认知不是乌托邦式的应然判断，而是建立在对人性的日常观察基础上的实然描述。尽管“人皆可为尧舜”，但儒家更意识到，人群中既有“君子”，也有“小人”，因而，儒家的理想政治是一种层级政治，而且，每一个层级都对进入者有一定的道德和能力上的要求。儒家摒弃绝对的平等主义，但完全可以兼容个体价值和个人自决，在这个意义上，儒家足以保证个人自由。

当代中国政治在本质上符合儒家政治传统。从国家治理的角度来看，中国共产党的一大作用是选拔和任用官员，学术研究表明，能力更强的官员能够获得更多的提拔机会。中国共产党体制是一个选贤任能的体制，是对儒家传统的发扬光大。

此外，党是开放的，接纳所有认同中国共产党体制、有志于中华民族伟大复兴的优秀人士。在进一步完善的基础上，中国共产党体制足以保障个人自由和个人自决。

自由主义民主的矛盾

自由主义是西方在现代化早期反对封建主义过程中产生的政治哲学，它的核心理念包括个人价值、个人自决和平等主义三大价值。

自由主义的兴起代表了人性和个体的觉醒，它在反对封建主义的过程中起到了积极的作用。个人价值把个人置于社会和组织之前，要求社会以弘扬个人价值为终极目标；个人自决赋予个体决定自己命运的权利，摒弃社会给个体施加的不合理的限制；平等主义认定每个人具有同等的价值，因此要求社会在各个方面——包括在政治参与领域——都平等地对待所有的人。

在现代社会，这些价值无疑具有强烈的道德感召力和理性力量。然而，从本质上说，自由主义是一种个人主义哲学，如果将它当作一种政体的哲学基础，它就必须解决个体如何实现集体决策的问题。

自由主义大师哈耶克给出的答案是：个体之间基于自利动机的博弈可以产生“自发秩序”；制度是个体博弈的“不经意的结果”。当代一些政治经济学家断言，政治经济学的唯一任务是寻找实现自发秩序的途径。

就民主制度而言，经济学家肯尼思·梅在1952年就证明，在二选一的社会选择中，如果一项社会选择程序接纳每个成员的任意偏好、同等对待每个成员、同等对待两个候选方案并尊重所有成员的一致性选择，这项选择程序就必须且只能是建立在一人一票基础上的多数原则。这个结果后来被称为“梅定理”，民主和自由主义被证明是一对天然的同盟者。

然而，在现实中民主却常常无法保障自由主义的价值。这不仅体现在多数原则往往造成多数对少数的暴政上面，而且体现在多数的决策并不一定导致良治，从而无法保障自由主义原则的实施。

一个正当政体不仅要保障个体的平等权利，而且要能够做出有效的政治决策、推进社会福利、维护社会秩序。然而，一人一票往往无法做到这些，特别是在社会分裂程度比较高的地区，比如目前的美国和欧洲。

一人一票并不能保证实现哈耶克的自发秩序。阿玛蒂亚·森早已发现自由主义自身的矛盾之处。哈耶克及其他自由主义者理论的一个核心推论是社会必须尊重个人权利。然而，由于权利涉及人与人之间的关系，保障一些人的一些权利意味着要求其他人尊重这些权利，因而也意味着要求其他人放弃一些权利。比如，社会要保障一块土地的拥有者的权利，就必须禁止其他人使用这块土地，在一些特殊情况下——如住宅用地——甚至禁止其他人从这块土地上穿过。最终，社会必须为个人保留私域，在私域的范围内，社会无权干涉个人的自由。

但是，问题在于谁来定义个人的私域。西方启蒙思想家如洛克，倾向于用天赋权利来回答这个问题。但是，天赋权利显然是一个宗教式的口号，而不是基于任何世俗论辩所能够得到的结论。1970 年阿玛蒂亚·森发表了一篇短小但极富挑战力的文章，名为《帕累托自由的不可能性》（The Impossibility of a Paretian Liberal），在文中他证明，私域和全体公民的一致性认同是相矛盾的。

一致性认同相当于要求每个人的意见都是同等重要的，因而是平等主义的衍生物，由此，私域或者个人权利就和平等主义是矛盾的。如果要定义私域，社会就必须诉诸诸如天赋权利这样的理念或一个非平等主义的政治决策机制，而不可能仅仅靠个体之间出于私利的博弈。

自由主义导致的“民主斜坡”

在很长一段时间里，西方解决自由主义理想与国家治理现实之间矛盾的办法是实行混合体制。美国宪法是这方面的典型。美国总统具有君主的性质；参议院相当于罗马共和国的元老院，具有贵族的性质；众议院代表民意，是民主的象征；最高法院负责对宪法的阐释，具有独立于所有机构的权力。

总统不是通过一人一票的大众选举产生的，而是由各州推选的选举人投票产生的；参议院议员是由各州议会推选产生的；最高法院的法官则是总统提名，并经由参议院批准的；只有众议院议员是选区选民直接选举产生的。

在美国国父们的眼中，美利坚合众国不是一个民主国，而是一个实行混合体制的共和国。然而，在过去的 240 年间，如同世界其他地方一样，民主因素在美国不断加强，精英因素不断衰退。美国国父们所警惕的党争在 19 世纪初叶就开始盛行起来；选举人制度除了保护小州利益之外，早已名存实亡；参议院议员的选举也在 20 世纪初实现了直选。

自 20 世纪 90 年代开始的第三波民主化浪潮更是把一人一票式的简单民主推向极致。这波民主化浪潮让苏联、东欧以及一些亚洲国家（地区）走上了民主化道路。这些新兴民主化国家（地区）无一例外地模仿了美国的制度，却无法学会美国制度中对民主成分的制衡机制，到头来学会的就只剩下一人一票。

与此同时，西方民主社会本身也在发生同样的变化，精英民主被大众民主取代，就连一向以意识形态中立为豪的美国最高法院也不知不觉地开始迎合社会大潮的鼓噪。世界由此走上了“民主斜坡”——民主化一旦启动，民主的要素就被推向极致，民主制度就不可避免地从一个有机体退化为原子化的政治斗争机器，西方在过去 200 多年间建立的宽容、理性和多元主义政治文化受到前所未有的挑战。

全球化造成的不平等只是外部条件的变化，而自由主义本身所导致的“民主斜坡”才是当前西方社会原子化政治的内因。在民主化浪潮的推动下，自由主义的理念被极端化。个人价值被无限放大，个人自决演化成简单的反体制、反传统，而平等主义则退化为群氓政治的借口。

在这个背景下，有必要把森对自由主义的批评往前推一步。森的批评揭示了自由主义与集体决策之间的矛盾。以下文所要探讨的儒家思想观之，自由主义的矛盾出自对人性过于乐观的假设。自由主义既界定个体的权利，强调个人价值和个人自决，又界定个体之间的社会关系，强调平等主义，并把它们统一到单个个体身上。

然而，在现实中人是生而不平等的，个人因智力、家庭、社会、地理等方面的差异而拥有不同的人生境遇，因而也只能实现不同的个人价值和个人自决水平。在这个意义上，平等主义和个人价值以及个人自决是矛盾的。

自由主义是为人的发展设立的乌托邦理想，而不是对个体的实然判断。把一个乌托邦理想应用到现实中，必然要产生问题。

就国家治理而言，自由主义要求每个人的意见在政治决策中得到同等程度的重视，但在现实中个体所掌握的信息量有差异、判断能力亦有高下之分，平等地对待每个人的意见极有可能导致政治的不可治理性。

当西方民主中的非民主成分尚可以发挥作用的时候，这些矛盾被一些工具性不平等的制度安排降服。但是特朗普的当选、英国脱欧公投以及欧洲随处可见的民粹主义运动无不表明，这样的时代已经过去了，在未来一段较长的时间里，西方将不得不接受原子化的政治。在这种情况下，自由主义民主能否继续实现良治，将面临一个巨大的问号。

儒家的启示

自由主义民主政治日渐呈露衰败迹象，深层原因就是它的整个政治体系建构在不可靠的人性基础之上。如前所言，它一方面将个人刻画成自利的原子化个体，另一方面又假定每个个体都具有同等的价值。与此不同，儒家对人性的描述是基于对社会中的人的观察做出的实然判断，因此比自由主义更为可靠。

具体而言，孔子注意到人与人之间的差异，认为人有“君子”和“小人”之分。“君子坦荡荡，小人长戚戚”（《述而》）。在今天的语境里，“君子”是那些道德高尚、严以律己且具有公共精神的人，“小人”则是那些只顾私利、患得患失的人。

孔子认为，这种差异部分是天生的，即“唯上知和下愚不移”（《阳货》）。但他也认为，通过克己复礼、下学上达，中人是可以成为圣人的。

与孔子不同，孟子认为每个人都有成为圣人的潜质，即“人皆可以为尧舜”（《告子下》），“涂之人可以为禹”（《性恶》）。但是，个人能否最终成为圣贤，则取决于后天的教化和努力。“体有贵贱，有小大。无以小害大，无以贱害贵。养其小者为小人，养其大者为大人”（《告子上》）。

荀子进一步发挥了孟子的思想。他说：“涂之人百姓，积善而全尽，谓之圣人。……故圣人者，人之所积也。……居楚而楚，居越而越，居夏而夏，是非天性也，积靡使然也。故人知谨注错，慎习俗，大积靡，则为君子矣。纵情性而不足问学，则为小人矣。”（《儒效》）

对于当代而言，儒家的感召力不在于对个体价值的平等主义的肯定，而在于对人的向善之心的肯定。相较而言，自由主义把人性看作天然和固定的，相当于儒家所谓的“性”；而儒家更重视人性后天习得的部分，是动态的。遵循儒家的启示，我们不应该将人性抽象成固定不变的阿基米德支点，而应该将人性看作受几个参数影响的函数，并据此来建构政治体系。

将人性的某个方面特征化并将之等同于人性，会简化理论分析，但这种简化并不意味着现实中的可欲性。如前所论，自由主义民主日渐呈露衰败迹象，与其对人性的失真描述密切相关。将所有人看作同质化的个体，看起来颇具感召力，但它所蕴含的齐整性，因无视事实而势必在操作过程中导致不可欲的“削足适履”。

与此不同，儒家承认人性的差异性和可塑性。因为人性的差异性和可塑性是由天赋、后天环境和个人努力等多种因素共同决定的，因此从儒家视角来看，人性并非一个固定不变的常数，而是随其构成要素及其关系的变化而变化的函数。

据此，以儒家思想来分析人性，我们既能关注到个人层面的人性流变，也能关注到加总层面的人性流变，进而能够通过政治体系的建构来规约人性流变的方向或处理威胁人类共同生活的各种人性问题。

基于儒家的人性观，我们所能建构的政治体系是一种层级制度，位列其中的成员，其贤能高低大体上对应着层级的高低。因为具备一定德行和能力的人都有机会进入这个体系，因此这种体系具有开放性，即向贤能者开放。这种有限制的开放性看起来不如无限制的开放性那样激动人心，但在涉及公共事务的政治领域，由贤能所施加的限制可能是极其必要的。

公共事务事关人民的根本利益，但并非人人都具备处理公共事务的德行和能力，即便具备，也存在高低之分。由此，如果政治体系中职位的数量有限、少于合格的贤能者的人数，那么，具有开放性和层级性的政治体系也就相应地具有竞争性。

这个竞争性包括两个方面。一方面是与自己竞争，表现为不断修善自我，即孔子所谓的“为仁由己”(《颜渊》)，孟子所谓的“尽其心者，知其性也。知其性，则知天矣”(《尽心上》)。另一方面是由于每个人在修善自我时既受自身努力程度的影响也受外在环境的影响，因此在人际比较上，一些人比另一些人更加具有德行与能力。

大体而言，第二方面的竞争就是与他人的竞争。这两种竞争投射到政治领域，其意义便是孔子所谓的“举直错诸枉，则民服；举枉错诸直，则民不服”(《为政》)，“举直错诸枉，能使枉者直”(《颜渊》)。

汉代的公推制度和唐代以后的科举制度，是实践儒家政治理念的典型代表。西汉已经建立了严格的官员选拔和考察制度，基层官员和乡绅具有推举德才兼备的青年才俊的义务，上级政府则通过考课制度考察下级的施政能力，包括举荐青年才俊的能力。

到了东汉，公推制度演变为门阀制度，从而催生了隋代的科举制度，经过唐代的完善，这一制度使中国成为最早建立选贤任能官僚体制的国家。“朝为田舍郎，暮登君子堂”不再是文人的遐想，而是可欲的现实，古代中国因此也成为世界上古代社会中最具流动性的社会。

但是，在古代社会，儒家的层级制度也被放大了，它不仅存在于政治领域，而且也被应用于社会、家庭和人际关系领域。以当代的眼光来看，这些层级关系束缚了人性和个人自由。

因此，对儒家的继承应该是有选择性的。这不是对传统的背叛，而是对传统的发扬光大。在国家治理层面，儒家作为一种政治哲学，其基础是对人性差异性的实然描述，其主张是选贤任能的层级政治。这样一种政治哲学，并不天然地拒绝个体价值和个人自决；它所拒绝的，是抽象的平等主义。

在政治上，平等是以贤能为基础的，那些不具备一定德行和能力的人，无权进入一定的政治层级。但是，这不是简单地把人分成三六九等，而是激励每个人通过后天的努力，获得一定层级所要求的德行和能力。

在这方面，即使是孔子也不拒绝个人能力的提高，而且，他对社会的要求也是“有教无类”(《卫灵公》)。自由主义把人性抬到一个光辉的高度，看似具备了《疯狂动物城》里的正能量，实则消解了个体提升自我的动力。儒家的主张看似不那么激动人心，应用到现实之中，却可以激发个体的潜能，提升社会整体的价值。

当代中国的实践

当代的中国共产党体制继承了中国历史上选贤任能的政治传统。从政治选拔的角度来看，中国共产党可以看作代替民主制度中的选举机制的一种制度。在民主制度中，政客之间竞争的是选民的选票；在中国，党选拔和任用官员，各级官员处在一场长期的晋升锦标赛当中，通过激烈的竞争实现晋升。党已经不是西方意义上那种代表某个特定利益和意识形态群体的政党，而是肩负宪法责任的制度安排。

对党的忠诚是干部选拔的重要标准之一。但由于党已经不是一个传统意义上的政党，这里的忠诚是对以党为中心的宪法构架的忠诚，是对中国共产党体制的忠诚。如果中国所特有的选拔体制能够得到全体人民的一致认同，从而获得宪法意义上的一致同意的话，那么，对党的忠诚就是对于政体的忠诚，党作为国家架构的正当性就转换为政体的正当性。

在这里，一个重要的标准是，党的选拔制度是否满足开放性、竞争性和选贤任能的特征。西方主流意见对此持怀疑否定态度与其固有的偏见有关。然而，如果我们近距离地分析一下中国共产党的选拔制度，就会发现，它满足这三个特征。

首先，中国共产党体制是一个基于贤能的开放系统，党对所有认可中国共产党体制且有志于中华民族之伟大复兴的优秀人士开放。入党是有志之士进入国家科层体制的先决条件，正如科举中第是古代社会进入统治阶层的先决条件一样。

如儒家所倡导的，当代中国科层体制的开放是以贤能为条件的。这与民主制度有很大的不同。民主制度没有严格的资格审查制度，因而为一些特朗普式的投机分子提供了进入国家治理核心的机会。

其次，中国共产党体制是一个高度竞争的体制。这种竞争不是党派之间的竞争，而是官员个体之间的竞争。党本身是一个利益加总机制，社会的利益表达无须通过官员个体呈现，为此，官员之间的竞争也从利益代表之争演变为个体之间的能力和德行之争。尽管党的官方文件从来没有提及党与儒家之间的相通之处，但党的实践充分体现了儒家的政治思想。

最后，中国共产党体制也具备选贤任能的特征。选贤任能之所以是一个正当政体的重要特征，是因为不选贤任能，裙带主义就会成为政治生活的主旋律，腐败和不可治理就会变成常态。一些案例研究表明，裙带主义的确存在于一些地方的干部管理之中。但是，案例研究往往不能反映全貌；要获取全貌，就必须把研究建立在对大样本数据的分析基础上。一些这样的研究表明，能力的确是中国选拔制中的重要选拔标准。

早期影响较大的研究见于李洪彬和周黎安在 2005 年发表的文章，名为《政治升迁与经济效益：中国人事管理的激励作用》（Political Turnover and Economic Performance: The Incentive Role of Personnel Control in China）。他们研究了相对经济增长率如何影响省级领导干部进入中央的概率，发现在一个官员任职期间，如果他任职省份的经济增长率比平均水平高出一个标准差，这个官员的升迁概率就会在平均概率的基础上提高 15%。

姚洋和张牧扬在 2015 年发表的文章，名为《地方官员与经济增长：来自中国城市的证据》(Subnational Leaders and Economic Growth: Evidence from Chinese Cities)，该文把目光下移到市级官员，使用更为精细的计量经济学方法，测量了官员发展地方经济的能力，并发现，对于 49 岁以上的官员而言，能力越强的官员越可能得到升迁，能力最强的官员比能力最弱的官员拥有高出 30% 的升迁概率。

考虑到经济增长是党在相当长时期里的工作重心，官员选拔把发展经济的能力作为关键性标准就不足为奇了。为适应经济社会条件的变化、回应大众的要求，党也在尝试建立更加全面的干部考察制度，将其他指标加入考核体系中。

选贤任能把中国的选拔制与其他非民主制度区分开来。它吸引有抱负的年轻人进入体制，增强了民众对现行制度的信心。社会学研究表明，多数中国人相信“应得”的理念。投射到政治领域，人们自然会期望能力高的官员在体制中脱颖而出。选拔制满足了这种期望，因而增强了自身的正当性。

中国共产党体制在实践中已经回归中国传统；党所缺少的，是一个关于实践的新叙事。在成立之后相当长的时期内，中国共产党是一个遵循马克思 – 列宁主义指导的革命政党；马克思主义是党的正统叙事的理论源头。

但是，自 20 世纪 70 年代末党的重心转向经济建设以来，党进入了一个新的时期。党的任务不再是摧毁旧体制，而是建立一个新体制，目标是为中国人民创造更加美好的生活，实现中华民族的伟大复兴。

随着实践的发展，党的理论也需要与时俱进。同时，中国共产党体制还必须面对当代民主叙事的挑战。这个叙事不仅占据着世界的主流舞台，而且也占据着中国的主流舞台。西方民主政治的衰败是对盲目的民主叙事的否定，本文对自由主义本身矛盾的揭示进一步否定了自由主义民主的内在逻辑。

我们需要在民主之外寻找新的国家治理模式，一个现代版本的儒家政治可能是一个替代方案，而中国共产党体制为这个方案的实施提供了一个前途相当光明的模板。党的理论家需要做的，是为这个模板提供一个结合儒家传统和党的实践的新主流叙事。

怎样完善社会主义市场经济体制[①]

林双林　（北京大学国家发展研究院教授、中国公共财政研究中心主任）

社会主义市场经济体制的建立，极大地促进了中国经济发展。1992—2016年，中国年均经济增长率为11%，高于1978—1992年的8.5%。2016年，中国人均GDP已达到8 000美元，属于中上等收入国家。短短的几十年，7亿贫困人口脱贫。经济发展后，国家开始重视对低收入者的扶持。新型农村合作医疗制度的建立，缓解了农民看病贵的问题；政府给老年农民发放少量的养老金，也在一定程度上解了农民养老的燃眉之急。另外，与其他国家不同，中国对农村贫困人口实行生产性扶贫，鼓励贫困户提高生产，增加收入。尤其是这两年，政府扶贫力度大大增加，许多贫困农民

① 本文初刊于《人民论坛》2017年23期。

都得到了实惠，生活状况大大改善。

然而，我们在实行社会主义市场经济体制方面还有不足。首先，市场资源配置的作用尚未充分发挥，政府干预过多。当今仍存在非自然垄断的企业，竞争没有完全展开，效率未得到充分提升。银行贷款倾向国有企业，民营企业融资难、融资贵的问题未得到根本解决。国家对一些领域的产品和服务定价管得太死。一些事业单位的基本工资还由国家定，反映不了市场的供求关系和劳动者的贡献。农村土地流转问题尚未得到彻底解决，阻碍工业化和城市化发展。

其次，在分配领域再分配力度不够。我们的税制不够累进，税收大部分是消费型的，占到总税收的 50% 以上。消费型的税制累进程度很低，累进的个人所得税仅占财政收入的 7% 左右。税收的收入再分配力度较小。而在美国，累进的个人所得税占到总税收的 45% 以上。美国联邦政府以工资为基数所征的税收，包括个人所得税和养老医疗保险费，达到其税收收入的约 80%。在支出领域，我们大量的钱花在经济建设上，社会福利方面的支出较少。

我们完善社会主义市场经济体制，在生产领域要让市场配置资源，让企业和个人去创造财富，实现效益最大化，促使生产效率最优化；同时，在分配领域要发挥政府的再分配作用，让全体人民、让子孙后代共享经济发展的成果。

逐步放弃直接控制生产。时代在发展，国家干预经济、从事收入再分配的方式也在变化。1949 年以前，所有重工业和近半的轻工业属于国有。在经济不发达的时候，或者在非常时期，国家需要直接控制生产，满足政府支出。经济的发展、金融财政制度的发达，使得政府获取财政收入的能力空前增强，政府已经不需要直接控制生产活动了。政府应该逐步放弃直接控制生产，而是通过征税的方式获取财政收入。这样，生产效率会大大提高。

放弃直接的数量限制，通过税收调节生产和消费。经济学已证明，政府直接进行产量和消费量限制，效率最低；利用税收调节，即政府定好税率，由个人或企业在市场上竞争，效率最高。

让市场决定要素和产品的价格。例如，让工资反映市场的供求，反映劳动者对生产的贡献多少，让市场调节国有企事业单位职工的工资。再如，在医疗领域，提高医生工资，激励医生提供更好的服务。同时，政府直接帮助低收入者获得医疗保险。这样资源会更合理地配置，效率会更高。

缩小收入分配差别。在市场经济下，收入的差别要通过税收调节。我们应该加速建立累进的综合的个人所得税制度，缩小收入差别。另外，中国应该逐步缩小养老金的差别。目前，中国养老金差别较大，有的退休人员拿得太多，导致中国养老社会统筹账户连年赤字，大量挪用了个人账户的资金，给未来财政带来巨大的压力。

政府提供更多的公共品。中国税制的累进性短期内难以提高。

为了弥补税收累进程度不高、再分配力度不够的问题，中国可以提供更多的公共品和公共服务，例如 12 年义务教育。

重视代际分配，顾及子孙后代的利益。再分配，不仅是同代人之间的分配，还有代际分配。目前，大城市里老人有昂贵的房子、丰厚的退休金，然而年轻人工资低，买不起房。年轻人相对贫困是全球性的问题，应该引起重视。我们应该抑制房价过快上涨，减轻年青一代的压力，让他们满怀信心为创造美好的未来而努力；应该减少不合理的政府债务，尽量给后代少留负担；应该保护资源环境，为未来发展留下余地。

第五章

如何破解社会难题

如何用数字技术解决经济难题[①]

周其仁

在自然界，没有现成的数字，也没有现成的数学，更没有现成的数字技术。天上没有，树上不结，地上不长，挖地三尺可能挖出矿，但挖不出数字来。数字、数学、数字技术，是人的创造，是人基于发现的发明。

人为什么要去搞数字呢？有两种解释。一种解释指向好奇。人类总是对自然界充满好奇，自然界的各种属性中，有一种就是数字的属性。另一种解释指向有用。无论是发明阿拉伯数字，还是运用这些数字来计数、做演算，一直到今天极其复杂的数字化生存，都是因为数字能够解决人类的问题。

---

① 本文根据周其仁的演讲整理而成，初刊于《中国经济信息》2017年第10期。

解决问题，就会动员人类花更多资源往数字这个方向走。有人说，数字怎么会对解决经济问题有帮助呢？远古时期，如果你一天采了 10 个果子，而我采了 4 个，那我是不是会说“应该再努力一把”？所以任何东西的测度，有个数放在那儿，人的行为就会有一些变化。

最近，北京大学在云南省弥渡县有一个精准扶贫的对象。大理为了推进精准扶贫，引进了号称“穷人银行”的孟加拉格莱珉银行（该银行以小额信贷著称），在那里的年轻学生讲的故事，很有启发性。

格莱珉银行贷款有个原则，穷人借钱，即便是很少的钱，比如 3 000 元、5 000 元、1 万元，都得从借的第一周就开始还。大家刚开始觉得不好理解：他没钱才要借，他借钱买一个猪崽儿养大，总得几个月，怎么可以从第一周就要还钱呢？后来听一线工作的人说，还真的有效果。银行这样还款的要求，就是希望帮助穷人组织他的生活，不该花的钱别花了，能挣的小钱去挣，只要每周带着还 50 元、100 元、200 元，一年就能养出好几头猪来。做这种贷款的贫困户，脱贫的速度就是变快了。这是一个比较早期的经验。

再来看一个复杂的经验，中国现在有 600 多个地级市，很多市长都不知道下面这组数据：美国纽约市有个最厉害的区叫曼哈顿区，一共 68 平方公里，每平方公里每年产生的 GDP 是 16 亿美元。我相信如果 600 多位市长知道这个数字以后，至少可以重新想想，城市到底在忙什么，是不是还需要这么摊大饼式地建设。

所以，数字对人的行为的影响，不光在于数字技术间接改变行为，还在于其直接改变生产过程。

有年夏天，我们学院组织了一个看美国创新的考察团，在波士顿附近参观了一家开发太阳能的公司叫 1366，1366 瓦就是每平方米接收太阳光的能量。电发明已经 200 多年了，但现在全球 7 个人中还有 1 个用不上电，那就是全球有 10 亿人用不上电。

所以，这家公司立志要让电更便宜，怎么做呢？把太阳能转化为电要用硅片，做硅片的传统技术是先做硅块，然后切片，但这一切，就要废掉一半。现在他们用的就是数字技术，一次成型就成了薄片，不产生任何废料。光靠这项技术改进，太阳能发电成本就可以接近传统电力发电成本。这种数字技术就已经进入生产过程。

这些故事不能不引起我们的关注——看起来抽象的数和数之间的演算、算法，对于我们利用资源、满足需要有着重大的意义。

人类经济活动越早越是靠自然改变的，越往现代走，越靠人的想法、靠抽象概念堆起来的工作方式。中国经济已经在往非常现代的方向走，而数字这些东西，不是自然界给我们的，是要通过人的努力把它开发出来的。

现在中国有个好现象，对任何新东西都非常敏感、非常感兴趣，大众、媒体反应非常快，新概念铺天盖地，中国再也不是对新东西直摇头的国家了。但这也带来了新问题，就是这些概念到底在多大程度上可以真正落地。

毕竟，中国这个国家太大了。在今天，讲中国、讲数字经济不仅仅是讲未来的潮流，这个潮流要真正在中国落地，就是要更广泛地动员各种力量，运用数字技术来解决问题。“互联网 +”是个技术，数字经济是结果，解决了问题，经济才能再上一个台阶，而问题是各式各样的。

数字经济是可以解决许多问题的，比如品质问题。为什么很多人要跑到日本去买马桶盖？都知道是中国制造业品质不行。可是深入这个问题，就会发现问题不容易解决：我们常年低价竞争形成了环境，想提高品质，成本降不下去，就会比别人贵。我们的市场，很大程度上还是对价格敏感的市场。既要满足价格低，又要提高品质，我们很多传统产业不是不想干，是难以做到。

怎么突破、怎么解决这个问题呢？我访问过小米，小米经验对我有启发。小米就强调一条：性价比要高，质量要好，价格还不能高，否则在中国市场打不开局面。成本怎么降？用数字技术降下来，把生产流程改合理，把销售流程简化，不该花的那些钱全省了，最后聚焦到品质上。中国打品质这一战，有希望。

中国有大量中小企业，怎么跟上来？这也是中国经济的一个问题，数字技术能帮助解决这个问题。

腾讯有个开放平台，叫“再造一个腾讯”。腾讯用自己的技术支持很多小型企业来创业，现在该平台上小企业的总估值，已经等于腾讯自己了。

现在很多企业在走这条路。联想控股及其“联想之星”，也在用经验、信用去帮助小企业完成这个转变。怎么做？信息技术可以用这些力量带动企业一起转型。

另外金融界还有一个“老大难”问题，就是小微企业融资难。小微企业没有信用之前，融资就是很难。现在看来，中国制造业、中国数字经济走在前面的企业，如果都用腾讯这种开放平台，一个带上几百个、上千个，就会有很大的希望解决这个问题。

中国经济要解决的问题非常多，我们最近调查的一个方向也是“怎么用数字技术解决问题”。无论大问题还是小问题，发达地区问题还是贫困山区问题，要把这个作为我们数字经济的一个口号，以解决问题为目的，不能光是人人嘴里说概念，而是要把我们的生产方式、生活方式、交流方式真正落实到以人的发现、发明为基础的数字技术基础上来。

当然，解决问题既要解决别人的问题，更要解决自己的问题。从市场经济的角度看，哪个是重点呢？我提一个不成熟的意见：用数字技术解决别人的问题是重点。

解决自己的问题，要花钱，要说服自己的员工接受，很难。用一个技术帮别人解决问题，是去挣钱，你真能挣到钱就说明，你真能帮助别人解决问题。所以，在用数字技术解决问题的时候，重点恐怕是用这个技术解决别人的问题，大家互相解决，你的问题让别人帮你解决，你去解决别人的问题。这样，可能会让用数字技术解决问题走得快一点。

所以，我就利用这个机会讲一讲对数字技术的感受。非常重要的是，要在我们这么一个层次极其不同、差异极其巨大的国民经济中更广泛地用数字技术去解决我们的经济问题，重点是帮别人解决问题，用这些行动让中国经济再上一个新台阶。

环境形势倒逼结构调整与政策改进[①]

徐晋涛（北京大学国家发展研究院教授、副院长，能源安全与国家发展研究中心主任）

今天讲两个问题，一是雾霾治理，二是气候协议，它们都与经济转型有关。

雾霾治理政策尚未见效

空气质量的恶化由来已久。从 2013 年 1 月雾霾大爆发以后，华北地区的空气质量改善变成环保政策目标的重中之重，其中北京市的空气质量变成环保政策一个非常重要的着力点。

对于近来空气质量是否出现了好转，不同的人有着不同的看

---

① 本文根据 2015 年 12 月徐晋涛在“朗润 · 格政论坛”第 50 期活动上的演讲整理而成。

法，存在较大的争议。环保界有些专家认为这两年的空气污染治理政策还是有效果的，但是，很多人没有感觉到空气质量出现明显的改善。

我们通过数据来进行量化分析，看看环境究竟有没有改善。如果有了改善，改善的来源在哪里？如果没有改善，需要克服哪些问题，政策方面需要采取哪些措施？我们采用的数据是北京市 2013 年、2014 年和 2015 年每小时的 PM2.5（细颗粒物）指数、空气质量指数（AQI）、风向和风速等数据，并计算了这些数据平均值趋势的 95% 置信区间。

从数据平均值趋势看，2013 年和 2014 年空气质量的变化不是很大，而 2015 年无论是 AQI 还是 PM2.5 指数都似乎较之前有明显的改善，整体上好于 2013 年和 2014 年。但是考虑统计性质的话，三年数据的 95% 置信区间高度重合，所以在统计上不能说 2015 年的数据与前两年有明显的差异。

再看风速，主要是北风风速的影响。经验表明，风一大，雾霾就少了，所以刮风似乎是空气质量改善的一个特别重要的工具，有的人希望有办法干预刮风，也有人说现在的风电发展过快，阻挠了风到达北京，所以风就变成了一个重要的问题。如果环保政策对减少雾霾已经发挥了作用，那么即使不刮北风，2015 年的数据也应该与之前不同。但是，我们发现在北风风速低于二级的情况下，三年的 PM2.5 指数没有明显的差异，尤其是在风速低于一级的情况下，三年的数据完全交织在一起。从这一点上看，我们没有找到环保政策发挥明显作用的迹象。

为保证结论的可信性，我们把所有可能的气象条件，包括气压、降雨、极端天气等，都作为变量进行回归分析。我们发现北京市采取的措施，比如限行、关停污染企业和改造火电厂等，对相应污染物的减排是有作用的，但是对于可吸入颗粒物的减少没有作用。这是因为可吸入颗粒物有很长的传输距离，单单北京市采取措施没有用，不能完全解决问题。所以将来的环保政策要从“各扫自家门前雪”转变到区域性的管理。

党中央、国务院都在北京，出台了这么多强有力的政策，但是实际上重要的污染指标并没有得到改善，这实在令人遗憾。在“十三五”期间，应该采取更为有效的措施，让环保目标能够落地。

巴黎气候协议带来节能减排巨大挑战

巴黎气候协议的核心成果有两个。一是参会的所有国家都接受了 2℃和 1.5℃的目标，也就是全球尽量将 21 世纪末地球表面温度上升幅度控制在 2℃以内，最好是 1.5℃以内。这是非常高的目标，能得到与会国的一致认同很不容易。二是多数国家都做出了自主减排的承诺。过去的会议上，主要是发达国家提出承诺，而发展中国家认为气候问题是发达国家带来的，自己不应该承诺减排。这次发生了戏剧性的变化，主要发展中国家都做出了自主减排的承诺。

我认为上述两个成果之间存在很大的鸿沟。要想实现 21 世纪末地球表面温度上升幅度控制在 2℃以内的目标，各国的排放量不能超过一定的总量，但是现在各国承诺的排放量加起来远远超过这个总量，很多国家的承诺是姿态性的，将来的谈判就是要求这些主要排放国在现有承诺基础上承诺做出更大努力，特别是中国。既然接受了 2℃的目标，没有切实可行的行动肯定是不行的。中国原计划到 2030 年达到排放峰值。以后很多国家都会要求中国必须争取提前到 2025 年或者 2020 年达到峰值，这样 2℃的目标才有可能实现。这样的话，中国节能减排压力会比预料的大，经济增长模式也会面临非常大的挑战。所以，“十三五”期间，遵守减排承诺以及治理雾霾会对环保政策和经济政策产生很大的影响。

不过，巴黎气候协议背后，科学家也做了预案。实际上中国工程院几年前就认为中国 2025 年达到排放峰值没有问题。现在面临经济下行，很多科学家对于实现目标更有信心了。

调整产业结构与能源结构、建立环保激励制度

很多专家认为雾霾问题并不难解决，但是有几件事情应该做。

现在经济下行，很多产能过剩的产业都是高耗能、高污染的产业，比如钢铁、煤炭、水泥等。这些产业出现了全方位的亏损，

生产量在下降。专家认为，如果国家出台刺激经济的政策，千万不要扶持这些行业，应该刺激其他领域，投资能够提高效率、降低交易成本的产业。这是从环保的角度看待治理雾霾的方法。

要在短期内使环境得到改善，必须调整能源结构。在华北地区，就是要把煤炭的消费量降下来，必须有壮士断腕的决心。北京市已经增加了天然气的使用，天然气的比重已经达到20%—30%，但煤炭还是主体。华北地区煤炭使用的比重达到了90%。按照有的能源专家的说法，中国现在是每年40亿吨的煤炭消费量，降到每年20亿吨也不是不可能。虽然减少煤炭的消耗可能会造成一些失业问题，但是如果有好的产业政策，完全可能创造出新的就业机会。

从长期来看，能源结构的转型仍然必不可少。现在很多国家提出，21世纪中叶要实现零排放，化石能源完全退出能源行业。这方面中国也应该赶上，通过出台强有力的政策，扶持可再生能源。以前要么没有政策，要么政策没有落地，要么政策力度太弱。

从长期可持续的角度出台激励政策也很重要。我们过去的环保和气候政策，更多的是依赖行政手段，包括发放许可证、关停企业等。尤其是关停企业，一直以来执行效果很差，只是在环保执法机构来检查的时候短期停产，然后周而复始。这是因为关停企业带来的社会成本太高，对一个地方的经济来说无法承受。如果实行相对温和的经济政策，比如征收污染税、碳税，就可以淘汰掉最落后的产能，而不是依靠行政性的指令来关停企业，对地方经济的冲击会相对小，效果也会更好。通过市场的手段，通过调整价格结构来调整经济结构和能源结构，引导人们使用相对环保的技术。

中国环保执法最薄弱的环节是地方政府，现在媒体已经把一些地方政府跟黑心企业归为一类，一揭发环境问题总有一些地方政府在背后。为什么这些地方政府跟中央政府不一样？一个原因是过去环保措施依靠行政手段，动辄关停并转，给这些地方经济带来的压力太大。另一个原因就是这些地方政府做环保没有好处。如果实行环境税，地方政府加强环保能带来收入，就解决激励问题了，这是环境税的双重红利性质，这样环境执法的落地也有了保障。

概括来说，目前环保、气候方面的压力日益增大，现行环保政策对环境改善的影响并不明显。我们需要致力于产业结构、能源结构调整，将有限的财政资源用于扶持环境友好型产业，同时通过有效的环境经济政策，调动地方政府积极性，从而达成长期有效改善环境的目标。

中国老龄化的特殊挑战与应对之道

赵耀辉（北京大学博雅特聘教授、国家发展研究院教授，教育部长江学者特聘教授）

中国老龄化面临特殊挑战

受到经济发展和多种因素的影响，全球平均的家庭生育能力和生育意愿在不断下降，同时，人均预期寿命在不断提升，这给世界的人口结构带来一个前所未有的重大变化：全世界 5 岁以下人口占比不断下降，65 岁以上的老年人口占比不断上升。未来几年内，65 岁以上人口在人类历史上将第一次超过 5 岁以下人口。

老龄化是整个世界人口结构变化中的一个重要现象，非常值得关注。

中国虽然在经济上是一个后发追赶的国家，但因为历史上的国情，尤其是计划生育政策的实施，在老龄化问题上既有全球经济发展到一定程度之后的共性问题，也有中国特殊的问题。

按照国际标准（60 岁以上的人口占 10%、65 岁以上的人口占 7%），中国在 2000 年时就已是老龄化国家。根据 2010 年的人口普查结果，这两个指标分别上升至 13.26% 和 8.87%，也就是说，60 岁以上和 65 岁以上的人口分别为 1.8 亿和 1.2 亿。未来几十年内，我国老龄化的程度将有增无减。

在世界范围的老龄化日趋严重的进程中，中国面临着很多特殊的挑战。

第一，老龄化速度远远快于发达国家。中国的老龄化进程起步晚、速度快，65 岁以上人口所占比重从 7% 到 14% 只用了 26 年。相比之下，法国从 1865 年就进入了老龄化，65 岁以上人口从 7% 翻番至 14% 用了 115 年。

第二，由于中国是人口大国，老龄人口的数量很大。到2050年，中国的老年人口将突破 3 亿，80 岁以上的人口就有可能超过 1 亿。

第三，我国养老资源有限。中国的传统是靠家庭养老或靠子女养老。但是近几十年来，由于计划生育政策的实行，以及社会经济变化带来的生育意愿的快速降低，子女数量急剧减少。不仅如此，成年子女大量外出就业，传统的孝道文化也在巨大的社会转型中受到很大冲击，致使依靠家庭养老越来越不现实。中国政府虽然已经建立了全民养老保险制度，但是养老金的数额非常少，特别是在人口数量庞大的农村地区，人均养老金不足，远远无法让农村老人过上像大都市老人一样有保障、受尊重的晚年生活。未来，中产阶层以及更富裕的家庭，也许还可以利用政府养老金和个人储蓄的结合，共同保障自己的晚年生活，但是对于大部分老年人来说，如果仍然被迫靠劳作来养活自己，或者靠仅有的一点储蓄，面对越来越长的晚年生活，根本不乐观。

第四，庞大的老年人口照料将是另一个特殊的挑战。中国传统上依靠家庭成员照料老年人，社会照料很不发达，养老院的规模很小，到养老院养老的文化也面临巨大的障碍，因此，多年以来，社会照料的文化、人才、基础设施等都严重不足。未来，如何在家庭与社会照料之间做出合理的安排，既发挥家庭的作用，同时也不至于让家庭负担过度，是一个很大的难题。

老龄化带来的影响广泛而复杂，急需高度重视

老龄化将是一个长期不断深化的过程，是一个世界各国都或早或晚会发生、无法回避、必须直视的问题。

老龄化可以通过多种渠道对经济增长的长期潜力和人民生活水平产生重大影响。

一方面，随着人口结构前所未有的巨大变化，在整个社会中，青壮年劳动力数量的相对值会下降，甚至绝对值都在下降，而与此同时，老年人口还在不断上升，这意味着每一个青壮年劳动力要承受的抚养和照料负担也将加重。以老年抚养比（老年人口相

对劳动年龄人口的比例）这个指标来看，如果以 60 岁定义老年人，在 1999 年，中国每一个老年人有 10 个人抚养，但根据我们的预测，到 2050 年这个数字可能将下降到只有 3 个人。经济产出要靠青壮年劳动力生产，同时，这个产出要与数量庞大的老年人分享，所以每个人能够消费的经济产出将难以提升，即人均 GDP 上升潜力将受到人口结构的强大制约。

另一方面，老龄化对政府财政有直接的影响。人口结构不同，对政府支出和收入的影响将截然不同。老年人是政府福利支出的最大受益者，是医疗支出、养老支出、最低生活保障和医疗救助的主体。但是，从财政收入方面看，主要的收入来源是中青年劳动力贡献的收入所得税和社会保险缴费等。所以，当人口结构变老时，一定会出现财政（包括社会保障）支出的上涨和收入的下降。这就是老龄化的实质问题：老年人口增加，养老和医疗开支增加，但是负担这些开支的工作人口不断减少。在老龄化严重的发达国家，政府不堪重负，有些国家被迫借债以应付开支压力，但由于老龄化不是短期现象，在缺乏财政增长点的情况下，债务无法偿还，因而发生债务危机，进而威胁到整个金融体系的安全。

目前发达国家应对老龄化的一个重要举措，无一例外是推迟退休年龄，因为只有这样才能避免大幅度降低养老待遇。推迟退休可以立刻改变老年抚养比，增加经济活动人口，同时减轻政府的养老赤字负担，是一个老龄化情势下不得不采取的措施，但是其可行性首先取决于健康水平。如果一个国家的人口到了之前设定的退休年龄时，就普遍出现健康状况恶化，失去工作能力或者工作能力已经下降到很低的现象，那么推迟退休也就无法实现。

值得注意的是，发达国家已经经历过一个世纪的老龄化进程，在老龄化加快的同时，老年人口的就业率却出现了大幅度下降，绝大多数人真的是退了就休，再也不会重返工作岗位。只是在最近 20 年，老龄人口的就业率才有所反弹。

老龄人口劳动参与率的长期下降并不是因为劳动能力的丧失。事实上，发达国家 65 岁以上的老年人，其健康水平较历史水平有大幅度的提高，劳动参与率下降主要是由于社会保障的加强，以及整体生活水平的提高。

发达国家的这个趋势在中国也正在发生。

中国的统计数据显示，随着经济的发展，生活水平不断提高，老年死亡率在不断下降，这是中国经济发展的重要成就，因为这意味着人们的健康水平在不断提高。与此同时，老龄人口的就业水平却已经出现一定程度的下降，尤其是城市里社会保障比较好的老龄人口。目前，中国农村老龄人口迫于生活压力，就业率依然很高，但未来随着生活水平的提高，可以预见，他们也会逐渐地提早结束自己的劳动生涯，提早享受退休生活，这不仅是大势所趋，也是人伦常理。但对于国家而言，这意味着我们再想利用推迟退休来缓解人口的老龄化，挪腾的空间已经越来越小。

老龄化既是我们发展的成就，也是发展面临的巨大问题。单纯以老龄化来分析，其对未来经济增长的影响不好判断，或者说没有标准答案，更多的在于我们健康的老龄化能不能实现，以及适应老龄化环境的制度创新能不能形成。

我们一直提出的概念就是健康老龄，而不只是简单的老龄化。健康老龄化的社会在未来发展方面有两个关键点。

首先是健康。如果老年人的健康能得到改善，护理的需求和疾病的负担也就会减少。

其次是制度。我们要创造有利于延迟退休的制度环境。随着健康寿命的延长，不断改变老年人的定义，使得人力资源得到充分的利用。

延迟退休在任何国家都是一个反对者众多的政策建议，在民主体制中通常被比喻为“第三电轨”，即电力火车的高压电轨道，一触即亡，因为它触动了人们的退休权益。因此，推迟退休年龄的事情，即使在出现支付危机的国家，通常也难以通过立法，随着选举的周期而多次变化，循环往复。

成功的改革经验，如美国和英国，都是提前 20 年安排退休年龄的延后，不影响最近 20 年内退休的人，而 20 年后退休的人，因为不能马上感受到政策的后果，所以反对的意愿不强烈。

最近有西方学者提出应该把退休年龄跟预期寿命自动挂钩，这样可以更近一步省去政治过程的麻烦。

当然，也有对延迟退休的另一种担忧，即就业岗位问题。不少人觉得，如果老年人不按原定的时间退休，不腾出岗位，年轻人就不能充分就业，就业市场的压力更大。这个观点把劳动力市场的规模想象为固定大小的箱子，国际上很多的研究和证据都已否定了这个观点。

我国老年群体的现实情况不容乐观

面对老龄化，退休制度和养老保障都需要改革，但如何改革需要数据的支撑。相关政策落实的情况如何、效果怎样，也需要进一步的跟踪和研究。

改革需要数据，更需要理论和效果的实证。为了对中国老龄化做出宏观的、动态的、准确的掌控，北京大学国家发展研究院 2006 年启动了一项重大工程——“中国健康与养老追踪调查”（CHARLS），对中国 45 岁及以上的居民代表样本进行隔年追踪、定期回访。

截至 2017 年年底，这个调查完成了甘肃、浙江两个省的两次追踪调查，分别是 2008 年和 2012 年，以及全国样本三次追踪调查，分别是 2011 年、2013 年和 2015 年。2018 年将进行全国样本的第四次追踪访问。

中国的老龄化既是世界的大潮，又带有很多前所未有的新特征，因此受到国际研究者和研究机构的关注。中国健康与养老追踪调查项目一经启动就受到国家自然科学基金、世界银行等全球多方面的资助，成为重大国际合作项目和数据采集平台。

好的调查首先要保证样本选择的科学性和数据的真实性。这项调查的个体样本采用多阶段随机抽样获得，首先在全国所有的县级单位中完全随机抽取 150 个县 / 区，每个样本县 / 区中再随机抽取 3 个村 / 社区。每个村 / 社区目标样本数为 24 个家户，并根据适龄率确定初次抽样数。在制定村级样本框时，采用较为准确的住宅地图法抽样，同时辅以 GPS 定位和照片比对。严格的抽样为整个调查的质量提供了第一道保证。2011 年全国基线调查得到的 1 万余户，近 2 万人的年龄和性别结构和 2010 年的人口普查结果非常接近，这既令我们感到欣慰，更让我们对接下来的调查充满信心。

样本除了“调查谁”这个非常重要的来源之外，还有“调查什么”，因此，调查的内容也同样重要。在样本内容设计上，我们包含了被调查者的教育、迁移、婚姻、健康、医疗、就业等非常详尽的信息，并对其子女、父母、兄弟姐妹情况以及家庭养老资源等也有详细的了解。除此以外，还调查了样本所在地区社会保障政策的实行情况、社区历史等社会经济状况。

而在数据的真实性方面，中国健康与养老追踪调查由北京大学中国社会科学调查中心每年派经验丰富的大学生志愿者完成，他们不仅要严格按照指定的抽样地址找到被调查者，而且要严格按照问卷的内容，在被调查者非常自愿的情况下，一一完成问答。数据上传的当晚，调查中心对数据进行核实，为数据的真实性层层加码。

从 2008 年至今，这项重大调查已经开展将近 10 年。根据 10 年来的调查，中国健康与养老追踪调查数据已经有几项重要的显示：

1. 我国老年人健康状况确实堪忧

以年满 60 岁定义老年人，24% 的老年人日常生活有困难，需要帮助；33% 的老年人有不同程度的身体疼痛问题；54% 的老年人有高血压。

认知能力测试结果显示，老年人的认知能力随着年龄的增长快速下降，当然这一部分是由于老年人的受教育程度比较低造成的，但是即使控制年龄，老年痴呆发病率跟年龄也还是高度相关的，这表明随着老年人口的大量增加，老年痴呆会成为一个严重的问题。老年痴呆具有极高的疾病负担，超过癌症和心脑血管疾病，因此值得高度重视。

另外，老年人的心理健康状况堪忧，近 1/3 有比较高的抑郁症状，值得关注和研究。

另一个发现是，虽然我国女性的预期寿命比男性长，但是老年女性的健康状况几乎在所有健康的维度上都表现得更差，这可能是因为女性操持家务，身体过劳而遭遇的病痛更多，晚年生活质量更差。

2. 中老年医疗服务成本大幅度上涨，但是服务状况仍然有待改进

中国健康与养老追踪调查数据详细了解过受访者的医疗保险、最近一个月的门诊和最近一年多的住院情况。数据表明，最近几年医疗服务使用率和单次成本都有大幅度增长，但是服务质量仍然有待加强。例如，在患高血压的 60 岁以上老年人中，不知晓率相当高；在患糖尿病的老年人中，不知晓率也达到 60% 左右。城乡差别很大，治疗率也存在差别。虽然医疗保险已经基本覆盖全部人群，2013 年的数据甚至接近 100%，但是医疗保险支付标准存在非常大的差别。

3. 老年人经济状况不容乐观

农村老年人贫困现象最为严重，独居、老年女性较其他群体则更加贫困，非常可怜。农村老年人很难有什么积蓄，在失去劳动能力以后，迅速陷入贫困，与子女一起生活几乎是农村老年人最重要的减贫手段。当然，不在一起住的子女也有经济支持，政府也有支持，加上其他资金来源，也都有一定的减贫作用。尤其是对于特别贫困的老年人而言，一点钱都有很明显的减贫作用。

我们做过测算，接近退休的人群如果仅仅依靠自己的储蓄、财产（包括房产和农村土地）和未来的养老金养老，1/3 的人将陷入老年贫困，因此子女对老年人的接济，以及老年人坚持参与劳动仍将成为重要的养老期经济来源。未来，如何使房产成为可以

使用的养老资源，需要进一步的金融创新。如果农村的土地可以流转，那么农村家庭的养老资源就可以显著增加。

4. 从居住安排来看，目前独居的空巢老人占46%，且这一比例不断上涨

空巢并不一定意味着孤立无援，因为大部分空巢老人有子女住在同一个村/社区，或者同一个县/市。但是，老年人可以依赖的子女资源将大幅度下降，10年后65—69岁老人的子女个数将减少1/3。

未来，中国老年人的照料问题如何解决？这将是中国面临的非常重大的困难。为此，我们提出，政府应该鼓励并且创造条件让老年人流动起来，使他们能够跟随子女得到照顾，而老年人最重要的流动就是医疗保险。目前的医疗保险补偿政策，尤其是新农合，对于异地看病报销有比较大的限制，几近惩罚。

5. 退休状况城乡差异巨大

城市的老年人达到退休年龄后基本上就不工作了，很多老年人还早于退休年龄提前退休。但是在农村，老年人大部分还是维持很高的就业率，以及很高的劳动强度。

因此，未来在对城镇的退休制度进行改革时，需要堵住提前退休的口子，在保留法定退休年龄不变的前提下，放松对退休年龄的强制执行，使愿意工作的人可以继续留在原单位工作，甚至还要为愿意推迟退休的人提供经济激励。

同时，政府要想办法提高法定退休年龄，在策略上可以老人老办法、新人新办法，对年轻人逐渐提高法定退休年龄，女性法定退休年龄可以优先调整。

6. 各项养老保险的支付额差异很大

如上一条所述的城乡退休差异大，在城市，无论是企业养老金还是公务员养老金，都足以支撑两个人的生活，而在农村，新农保的养老金只够一个人 21% 的生活费。

从跨年数据还可以发现，养老保险的给付额度在不同项目之间的巨大差别不但没有随着时间缩小，反而有越来越大的趋势。

及时调整人口政策，重视老龄化社会的照料问题

面对复杂而且新生的健康老龄问题，中国政府要及早准备对策。

老龄化首先还是人口结构问题，对人口结构改善的努力不能放弃。因此，政府要想办法让大家提高生育率，至少在生育率不断下降时，使其降速变小、延迟，甚至反转。这才能在一定程度上缓解人口结构倒置带来的老龄化压力。对此，中国政府也接受了来自学界的建言，其中就包括北京大学国家发展研究院教授们之前持续发出的声音，于 2016 年年底放开二胎生育，这是一个积极的政策措施。

但是，仅仅放开二胎还不够，应该再进一步，全面放开生育政策，甚至转入生育鼓励，更加积极地提高生育率。

在过去的 50 年间，全世界都经历了出生率的大幅度下降，发

达国家领先于发展中国家出现这一趋势。即便是在中等收入国家，尤其是东亚国家和地区，妇女总合生育率早已下降到人口补偿所需要的生育率之下，并且有接近一个妇女一生只生育一个孩子的趋势，中国也不例外。

过去很长一段时间，中国执行了严格的生育政策。曾经很多人以为，人口多了就会造成人均资源减少，进而拖累经济发展。实际上，人口增长对经济增长有非常正面的影响，因为人口密度大才更容易形成市场，才更容易使得交易成本降低，尤其重要的是，人不是一般的自然资源，而是人力资本的载体，新思想、新技术都要靠人来发明。

未来，面对人口老龄化，多生孩子一个最直接的作用就是降低老年抚养比，缓解老龄化，更何况，未来的人学习条件更好，每个人能创造的价值可能更大。

中国几十年“只生一胎”的计划生育政策还带来另一个非常不良的影响，即男女比例失衡现象已经到了非常惊人的地步。未来，中国几千万的男光棍可能会成为重大的社会问题。放开生育限制对我国性别选择行为能起到一定程度的抑制作用，有助于缓解现在的性别失衡状况。

有不少人担心放开生育以后，穷人会多生孩子，从而使我国人口的素质整体下降。事实上，这个观点站不住脚。低收入家庭的孩子如果能够得到足够的营养和教育，完全有可能开发出他们的智力和潜力。很多研究证明，一个孩子在胎儿和婴儿期的营养状况对于其未来的健康影响非常大，甚至会影响其老年以后的身体状况，所以很多发达国家会给低收入的孕妇发放免费的营养食品，以确保孩子的健康。

在教育方面，我国农村人到城里打工，却很难把孩子带到城市。农村留守儿童在农村不能接受高质量的教育，又没有父母的陪伴和关怀，健康和心智都受到负面影响。即使跟随父母来到城里的孩子，也无法和城里的孩子接受同样的教育。这种歧视性的政策看起来一时节省了开支，却造成了巨大的人力资本浪费，因为再过 10 年、20 年，这些孩子将是我国劳动力市场的主力。如果他们在适龄阶段没有接受到良好的教育，他们的智力和才能无法得到发挥，不仅会拖累经济的可持续增长，甚至会对社会的安定埋下巨大的隐患。

世界上很多国家早已意识到低生育率的危害，因此纷纷推出鼓励甚至奖励生育的政策，但是收效甚微。经济学认为，人们的生育行为主要受社会经济因素的影响。现在我国女性的平均受教育程度已经赶上男性，她们在就业市场上有很强的竞争力，生育和照料子女会妨碍她们的职业生涯，因此生育的机会成本很大。

中国如何解决这个现实的问题，这个问题未来可能还会越来越严重。从趋势上分析，为了鼓励女性为中华民族生育后代，改善我们的人口结构，必须减轻女性和整个家庭的后顾之忧。在计划经济时代，中国为了鼓励女性就业曾鼓励各工作单位就近办托儿所，这是一个很好的办法，切实减轻了很多女性的负担。当然，在国有企业改革的大背景下，将托儿所等从企业剥离出来还给市场，也是一个明智的改革之举，但可惜我们只改了一半，该拿掉的拿掉了，该加上的没有加上：对适龄生育女性就业者的社会照料服务远远没有跟上，使得女性的照料负担有增无减，这在一定程度上也解释了近20年来城镇女性就业率不断下滑的原因。

目前，中国的幼儿照料行业极不发达，尤其是三岁以下婴幼儿的照料极其稀缺，基本上完全依靠家庭，这就使得很多年轻女性不得不在就业和生育之间进行选择，这是她们生育意愿很难提高的非常重要的因素。为了帮助职场上的女儿或者儿媳，很多中年妇女不得不提前退休，承担起照料后代的责任，这与老龄化大背景下我们不得不鼓励推迟退休又背道而驰。

为了鼓励年轻女性生育后代，同时又不加剧老年人的抚养负担，中国今后最重要的改革或发展方向之一就是大力降低婴幼儿照料行业的准入限制，鼓励社会资本进入这个行业，由此降低女性和整个家庭的照料成本。同时，还要提倡和鼓励男性多做家务，分担女性的照料负担。这些措施，不仅可以从根本上改变歧视女性的中国传统，而且有利于提高生育率、缓解老龄化，是促进中华民族伟大复兴的战略之举，意义深远。

过度“求稳”也会滋生风险[①]

黄益平

很多时候，我们在力求摆脱危机的过程中，也会不慎埋下新危机的种子。简言之，过度“求稳”也可能会滋生风险。当前，资产价格出现“乱象”，问题的根源往往指向宏观机制，即可投资的资金极多，而可投资的产品不多。

怎么办？可给出的解决方案是，扩大可投资的资产市场。一方面，需要扩大市场的规模、增加金融产品的种类，同时提高市场的流动性。另一方面，需要防控风险、改善市场的有效性，这可能涉及货币供应量、高杠杆、追求稳定、道德风险等诸多不同维度的层面。

① 本文初刊于《经济观察报》。

若串起来看，其时间线逻辑为：资本集中—市场繁荣—价格上升—风险积累—问题暴露—市场轮动调整。这些现象恰是近两年国内金融市场的写照。

正如过去一段时间，金融风险在不同的领域之间冒头、游走。尽管不同市场的震荡或波动并不足以构成系统性危机，但相信潜在危机隐患的信号已发出，这也是自 2016 年下半年开始，中央和政府特别关注当前系统性金融风险的原因，防范金融风险已成为当前经济和金融工作的重点。

不过，与其防范、刻意求稳，守住风险底线，不如有的放矢地释放风险，该出清时让市场出清，用市场化手段解决风险。此过程中，自然也需要一个规模足够大、多产品的高效资产市场——它可以“吸洪”，扼制泛滥的流动性，从而抑制风险隐患的苗头。

厘清中国宏观机制、金融体系的本源，才更有可能真正“熨平”资产价格“乱象”之殇。

两大要素“生变”

这一次会不一样吗？中国非金融企业负债与 GDP 的比重已达 170%，几乎是主要经济体中的最高水平。有一个朴素的经济学原理：钱借多了是要出问题的。然而，在政府兜底的大国体制下，那又能怎样？

现实是，系统性金融风险隐患的上升从未像今天这样成为不容忽视的宏观因素，维护金融安全也上升至国家战略高度。而中国是唯一尚未经历系统性金融危机的新兴经济大国。若要继续保持此纪录，无疑需要强化优胜劣汰的市场纪律，完善宏观审慎监管政策，尤其需要重视资产价格的波动，从机构监管转向功能监管和行为监管。

就市场纪律而言，中国的存款保险制度实施近两年，但至今没有看到真正的问题处置和风险暴露，因为所有金融机构都运行良好。是不是我们不愿意释放风险？这是一个问题，又仿佛不是问题。如果回到过去，“持续高增长和政府兜底”两大要素化解了中国潜在的系统性金融风险。正如 1998 年前后，中国银行体系的不良贷款率超过 30%，若换作其他国家，金融危机似乎难以避免。

但今非昔比，这两大因素已然生变：中国经济已告别高增长时代，政府兜底能力在减弱，若发生危机，政府是否愿意兜底也存疑。毕竟，若政府不断兜底，非但无法从本质上化解风险，还会滋生道德风险，无助于市场自我出清，风险会不断累积。

按照国际清算银行（BIS）在 2016 年年度报告中提出的“风险铁三角”的概念，即许多国家目前呈现杠杆率上升、生产率下降和宏观经济政策空间收缩三者并存的奇特现象。“风险铁三角”之挑战，同样适用于中国——政策兜底的难度越来越大，政策空间越来越小。

此过程中，倘若追本溯源，不难看到，中国货币供应量很大，M2/GDP 于 2016 年年底已达 208%，即钱多、投资渠道少，这导致资产价格出现各种“乱象”。

货币供应量缘何涨得这么快？一个重要的原因就是金融供应量的扩张，而货币的扩张在经济中有一个内升的加速机制。经济形势好时，货币供应量应该增加，而货币供应量的增加会促使杠杆率上升，因为经济形势好的时候需要有货币和金融交易来支持经济活动的扩张。但问题在于——经济形势不好时，我们的货币交易与金融交易，甚至负债同样要加速，因为这样才能稳住经济，稳住金融市场。

其实，这也是对出现高杠杆率的一个解释，如果大家不否认的话，也意味着过去我们过度用行政手段追求稳定，最终导致了今天的结果。

那个尴尬的宏观机制……

客观而言，如果回顾过去两三年国内金融市场的发展，不难看到此种市场图景：先是股票市场的繁荣和回落；再是债券市场的波动；加之房地产市场高速的上升和各地政府的调控措施；还能看到互联网金融的波动和理财产品市场的变化与调整，包括过去一年资本外流和人民币汇率贬值承压等。

上述风险在不同领域之间不停地出现，昭示一个根本问题，即老百姓在追逐好的投资产品，但好的投资产品非常有限。这就是今天碰到的一个极大的挑战：我们需要建立一个有规模的、多产品的、较高效的资产市场，即可投资的资产市场。

细究这些金融风险，其之所以在不同领域之间游走，背后其实有一个基本的宏观机制，即一方面可投资的资金非常多，另一方面可投资的产品不够多。所以出现一个现象，即只要投资者决定往某一个市场集中，该市场就一定会繁荣、价格会上升，但同时风险会积累，接着就会出现一些问题，监管部门就比较紧张。

为什么会有这么多的资金？过去，中国老百姓包括中国经济的储蓄率一直比较高。很多投资者包括经济学者分析中国经济时，用得最多的一个指标就是 M2/GDP。如前所述，中国在 2016 年年底的 M2/GDP 大概是 208%，这在世界上都属于较高水平。该比例之所以较高，背后有三大原因。

首先，中国的金融体系由银行主导，银行主导的特征就是所有的金融交易都是通过存款、贷款和债务的方式体现的，因此，一个比较大的问题是：和其他国家相比，中国的杠杆率比较高。

其次，中国过去的储蓄率比较高，老百姓把很多钱存在了银行，最后必然体现为 M2 的发行量比较高、杠杆率较高。

最后，货币政策内生一个货币供应量加速的机制。因为目前缺乏一个有效的风险处置机制，也没有宏观审慎监管框架。故此，出现一个奇特的现象：经济形势好时，货币供应量需加速，以支持经济活动的扩张；经济形势不好时，货币政策同样需扩张，因为这样才能稳定经济与金融市场。如前文所述，所谓“求稳”。

最终结果是形成超高的M2/GDP，反映在现实生活中是银行的存款规模非常大。这在一段时间内无恙，但潜在风险是在老百姓想把钱从银行拿出来做投资的时候，就会碰到问题：钱投到什么地方？这在统计上有一个指标，即M1供应量的增速超过了M2供应量的增速。简言之，是银行存款的短期化，意味着老百姓没有耐心接受过去定期存款很低的利息回报，而存款短期化的结果是变成现金、活期存款。因此，现在碰到了一个长期挑战——M2/GDP很高；短期挑战是M1的增长速度超过了M2的增长速度，存款短期化。

老百姓应该把钱投到什么地方？这既有正面机遇，也有负面风险。正面机遇是老百姓拿钱去投资，这与党的十八届三中全会“要发展多层次的资本市场、提高直接融资的比重”的提法一致。只有老百姓拿钱去投资，直接融资的比重才有可能提高，这是正面变化。

不过，负面变化或许是个风险，即老百姓的钱投出去之后，有时不知钱会去什么地方，因为可投资的机会很少，而钱集中到一个地方容易出问题。过去老百姓的储蓄能够放的地方大概只有两处——银行存款与房地产，除此之外任何市场都不够大。

因此，个人认为，这是今天遇到的一个巨大挑战，也是中国未来财富管理市场需要面对的一个大问题。

解决之策

当然，如果从过去的以银行为主转向未来的以资产市场为主，即从间接融资转移至直接融资，其中一个明显变化是，风险的承担发生改变。过去钱放在银行，由银行承担风险，银行基本上是直接或间接地通过政府，或者通过存款保险机制，对存款人的风险提供一定的担保。而未来如果做投资，更多地要由投资者承担风险。那么这时，我们要更快、更有效地发展一个可投资的资产市场，让财富管理行业更快地发展。我们需要从两个方面推进，形成一个既有容量又相对稳健的市场。

一方面，金融市场需要大幅度扩容，这样才有可能有效地吸纳大量即将离开银行的资金。只要市场条件合适，监管部门就应该尽快在股票市场推行注册制，并在债券市场引入更多的企业融资，同时还应该积极地利用其他投资渠道和形式，比如地方股权交易中心和互联网金融交易平台等。资产市场吸纳大量资金的一个重要前提是规模大、产品丰富、流动性高。

另一方面，金融市场也迫切需要提高有效性。这需要从以下三个方向推进。首先，加强监管。对于资产市场的发展，最重要的可能是三个方面：监管政策的协调、监管的穿透性、市场化。其次，风险定价。尽管一直在追求利率市场化，但市场上不同产品之间的定价差异相当小，甚至出现很多小微企业贷不到款的现象，原因之一是不能把利率提高到足以覆盖风险的程度。换言之，利率未完全由市场决定。在风险定价中，有一个重点是允许违约、允许破产、允许出现问题。如果不能在短期内释放风险点，最后会导致道德风险问题；再者，风险会持续积累，最后积累成系统性风险。真正实现有效的风险定价，必然要求真正实现利率市场化。最后，要加强投资者教育。投资者要了解所投资的产品，也要对投资决策的后果承担全部责任。不能赚了钱是自己的功劳，赔了钱就要别人来兜底。

综上，既然“支撑稳定”的两大要素生变，或许市场乐见风险的暴露，以出清风险。此间，虽然宏观机制不乏尴尬，但该来的总会来。当然，此过程中，尽管防范系统性金融风险有很多重要的做法，但最终还要看能否解决道德风险，让市场在资源配置中发挥决定性作用。

城市化不可阻挡的规律

周其仁

城市化有两个内容，一个是流动，另一个是聚集。

首先我们来看看流动方面。过去30多年，中国出现了大规模的人口流动。之前城乡是分开的，一个人出生在哪里就在哪里待着，很多年不变。但是1978年之后，这种情况发生了很大的变化。

2010年，第5次人口普查的数据显示，中国流动人口为2.3亿。流动人口的定义，就是离开户籍所在的村庄、镇或街道半年以上，到别的地方去了。2.3亿占中国总人口的17%。也就是5—6个人当中就有一个是流动人口，这是人类历史上最大规模的迁徙。

我们都能感受到这个变化。一到过年，北京、上海一下子就静悄悄了，热闹的是村里、小镇，小地方是真热闹。正月十五是中国传统元宵节，小镇上能涌现几万人。

那么有一个问题就很有意思，这个局面会一直这么下去吗？一个春节能有 37 亿人次在路上，大家注意，是 37 亿人次。每年春运都是重大的国家行动，从上到下，汽车、火车、飞机都来帮人实现移动。那以后会一直这样吗？是一到时间点就在城乡之间大规模地移动，还是这些流动人口会慢慢地消停下来，然后聚到某些地方去呢？

这个问题一来很有趣，二来关系重大。因为这跟我们个人的发展很有关系，关系到我们未来把自己放在哪里——在不同的地方，你的未来是很不同的。

经济学讲的收入是终身收入，要把所有未来的收入都算上。不管个人还是企业，把自己放在哪里，往哪里发展，往哪里投资，位置都是关键问题，值得好好考虑。尤其是开头讲的那 2.3 亿的流动人口，未来在空间上会怎么分布？在脑子里经常想想这个问题是很有意思的。

将来的事情，现在是不容易讲清楚的，但我们可以研究一下已有的人类活动在空间分布上有什么特点。

我收集的资料和做过的一点研究都表明，将来有很大的可能，现代经济中越来越多的产业和越来越多的人，最后会集中在很少的几个地方。也就是说，人最终会往某些地方聚集，而不是发散性分布，这是一个很有意思的现象。

中国当前的城市化率已经达到 52%，世界平均水平是 50%。全世界的人口是怎么分布的？答案是 50% 的人口居住的城市面积为 400 万平方公里，占地球表面面积的 1%。地球有那么宽广的地方，大家都不去，非凑到一块，非凑到这 1% 的地方，而且往一起凑的这个趋势至今方兴未艾。

发达国家的城市化率更高。美国接近 80%，粗算起来有 2.4 亿人口集中在城市。美国非常辽阔，所有城市面积加在一起只占国土面积的 3%，但就这点面积生产了美国 GDP 的 85%。其中纽约这一个城市，人口就占全美国的 7.5%，其 GDP 占全美国的 10%。这还是 2005 年的数据。

巴黎更厉害，其人口占法国总人口的将近 19%，其 GDP 占法国 GDP 的 28%；伦敦人口占英国总人口的 12.3%，其 GDP 占英国 GDP 的 20%；布达佩斯人口占匈牙利总人口的 18%，其 GDP 占全国 GDP 的 35%；莫斯科人口占俄罗斯总人口的 5.8%，GDP 占全国 GDP 的 10%。相比而言，我们把北京、上海、广州的量加在一起，无论跟中国的总人口还是全国 GDP 相比，都不超过 13%。

日本山地很多，人口集中程度更高。大东京都市圈以日本 4% 的国土面积，集中了全日本 25% 的人口和 10% 的 GDP。

再看看新兴市场国家的数据。圣保罗人口占巴西总人口的 10%，其 GDP 占全国 GDP 的 36%；利马人口占秘鲁总人口的 28.1%，其 GDP 在全国 GDP 占比超过 50%；墨西哥城人口占墨西哥总人口的 14.2%，其 GDP 占全国 GDP 的 33%。

中国的这两项数据怎么样呢？2.3 亿流动人口有 80% 到了东部地区，这其中又有 80% 流向了大中城市，优先选择省会城市、计划单列市和直辖市。2000—2010 年，北京 10 年间增加了 41% 的人口，上海增加了 37.5% 的人口，天津增加了 30% 的人口。同期，全国城镇人口平均增加了 5.8%。这说明什么？越来越多的人、越来越多的经济量在空间上一直在往少数几个地方集中。

后来有人使用一种新的地图技术，把 GDP 投影到地图上。这一投很有意思，地图上冒出来很多山峰，但这不是大自然的山峰，而是人口活动的山峰。我们可以形象地称之为经济地貌图。跟地理一样，经济地貌不是平的，不是哪里都有同样的产出，也不是哪里都有同样的人口。

在日本的经济地貌图上，GDP 有三大山峰。东京最高，其次是大阪和名古屋，其他地方都是平平的、绿绿的。美国很辽阔，从东岸到西岸要飞行 5—6 个小时，在经济地貌图上也是十几个山峰。最高的就是纽约，其 GDP 占美国 GDP 的 10%，其次是波士顿到纽约的长廊，很多新兴产业、科技公司、大学都分布在这个经济带上。西海岸只有三座山峰，即洛杉矶、旧金山和西雅图。中部也只有几座小山峰，城市名大家耳熟能详。大家注意，美国 70% 的 GDP 就来自这些鼓起的山峰，就来自这少数几个大城市及大都市圈。

这些现象对我们研究中国问题有参考意义。中国这么多人还在路上，离开了出生地之后，他们会跑向哪里？如果对全球人口的分布一直有观察和思考，会发现这里隐藏着一些道理。

为什么大都市成了人类文明和人类活动的聚集地？世界上原来只有三大城市，即伦敦、纽约、东京，后来大城市不断冒出来，后起之秀层出不穷，有些地方的总人口已经超过“老三大”。比如上海现在有 2 300 万人，孟买有 2 000 万人。再看看人口密度，就是每平方公里容纳的人数。上海浦西每平方公里有 3 万人，北京朝阳区每平方公里有 2 万多人。

地球上那么多地方，尤其是很多地方的风景美不胜收，但人们为什么非要挤到这几个地方来？观察久了，就有了城市化这个概念。

最早提出城市化的是一个人口学家，英国人约翰·格兰特。

英国最早没有人口普查，但是有教区，因为有教徒。这个教区很有意思。每个孩子生下来都要到教会去做洗礼，然后进行登记。结婚有一个婚礼，去世有一个葬礼。这三个“礼”的数字被记下来，就成了很好的人口历史数据。

由于各种原因，陆续有人到教区去要资料，来看人口变动。格兰特就在数据中发现伦敦的洗礼和葬礼这两组数据有很大的不同，葬礼人数要远远大于洗礼人数，也就是说很多死在伦敦的人并不生在伦敦。

这个发现很有意思，他就顺着这个发现往下研究。为了找出这些人是从哪里来的，他做了一个交叉研究，离开伦敦，到周围的小地方去查数据，结果发现很多乡村小城镇的情况和伦敦是正好相反的：洗礼人数多，葬礼人数少。这就都对上了——有的地方人口净流出，有的地方人口净流入。净流入的就是伦敦这样的城市。结论就有了：城市化就是生在一个地方，死在另一个地方。

中国人讲究“叶落归根”，但将来会怎么样？人类的总趋势就是你生在这里，但不一定在这里工作，尤其不一定在这里死亡。为什么呢？自己的家乡不是挺好的吗？为什么不在自己的家乡谋生呢？为什么要移动呢？

过去，这个现象可能是个别现象，如今早已不是，而且随着人口移动的规模越来越大，聚集形成的现象越来越夸张，研究者就必须去琢磨这里面的道理。

英国在 1706 年时城市化率并不高，但已经有人开始研究人们跑来跑去是为什么，行为主要受什么影响。我经常向大家推荐艾伦·麦克法兰的一本书，他在书中讲述了英国个人主义的起源。他的研究认为，英国很早就形成了一个社会现象：决策单位以个人为主，而不是以家庭为主。根据他的记录，英国很早就出现少年打工族，家里孩子到 9 岁、10 岁就出去打工了，家里的活儿则让别人干。因为英国的决策单位是个人，其财产关系也就不是家庭财产，不是老子的财产一定要分给儿子，尤其不是像中国一样还要均分。在英国，老子的财产就是老子的，就是老子一个人的，完全要按老子的意愿来分。英国这种财产的代际转移方式在西方也很少见。英国人通过一个遗嘱写明意愿，包括把财产给谁，给多少。遗嘱也从来不是简单的“长子继承制”，有的是幼子继承，有的是女儿继承，还有的干脆送给仆人或捐给教堂，完全根据财产所有者自己的想法。英国人的这种代际转移方式很有意思，尤其是对中国人而言。因为我们的传统不是这样，我们讲究多子平分。3 个孩子就 3 人平分老子的地和财产，5 个儿子就是 5 人平分。所以富不过三代，儿子越多，平分的人越多。

日本当年有个学者到东北做研究时观察到一个现象，儿子们长大到一定程度就会劝老爸别喝酒，有时候儿子们还会配合起来，找村主任或村里受尊重的人来做老爸的思想工作，劝他不能再这样喝了，因为再喝就喝的是儿子的酒了。这个日本学者发现，中国的家庭财产确实是家庭的，根本不是个人的。

但英国就不是这样，至少从 11 世纪以后不是这样。上一代的财产如果不给这个儿子，这个儿子就必须离开农庄，就要出去闯。一出去闯就变成了自由民，不得不脱离原来的血缘和地缘。城市的来源其实就是这样，自由民碰到一起，都没有可继承的土地，怎么办？所以就要发展工业、商业、贸易等，城市化就是这么来的。这其中非常重要的一个因素就是人生来就有的血缘、地缘纽带被撕开了、斩断了。

《共产党宣言》里讲过，所谓的资本主义革命，就是温情脉脉的面纱被扒开了、撕去了，你自己去闯，谁也养不了你。实际上这告诉我们，流动迁徙跟个人权益、跟自由有某种联系。后来的工业革命、远洋、殖民、开拓、冒险，大概都跟这些事情有一点儿关系。中国式的血浓于水，互相照应着过日子，地够多的时候很舒服，地不够了就难受。关键是，如果我们跟血缘、地缘的依赖关系扒不开，人都出不去，对外部世界的机会就难以做出反应。

中国古代的历史我们不展开讨论，就看看中华人民共和国成立以后的数据。我们的城镇化居然有下降的时候，这在全世界都少有。1969—1978 年，中国城市化率从 18.1% 降到 17.9%。为什么？国家的体制、政策和发展战略带来的，鼓励大家上山下乡。上山下乡就是逆城市化。当时的口号是"我们也有两只手，不在城里吃闲饭"，结果就把人往农村送。中国革命和俄罗斯的不同，是农村包围城市，所以领导人对农村始终有一个情结。同时还有一个现实的问题，由于"文革"，许多毕业生没有工作，放在任何国家都是巨大的社会问题。我们的领导人一句话："农村是一个广阔的天地，在那里是可以大有作为的。"很多人就应声下乡了。另外就是 1958 年"大跃进"搞得过头了，粮食不够吃。为了解决这个问题，1961 年中共中央国务院下了决策，全国以 1961 年为限，只要是三年以内新进城的职工家庭，全部返回农村。一个通知，2 100 万人就回去了。

除了这两次逆城市化，还有人口流动的管制。你想换地方，要有粮票、户籍、身份，哪怕下乡的时候去讨饭也得开介绍信，证明你是好人，有资格讨饭，请沿途给你方便，这就是当时的体制。

这个政策在 1978 年一松动，就很有意思——变量就迅速弹回来了。人一旦有了选择权，看哪里好就去哪里，于是又出来一个词叫“盲流”，即盲目流动的人口，而不是国家分配的。这个词很多年以后才消失。在美国读书的留学生，如果要自己努力去赚学费和生活费，一般都找得很准，不能一放假就盲目流动，要直奔大城市，如洛杉矶、纽约，刷碗也能刷出钱来。小地方就难很多。我当年到美国的第一站是一个 2 万人口的小城，发展非常好，风景也好，人也好，街上的人见到你很客气，对你笑，但就是没有工作。大地方的人在马路上不会对你笑，但是有工作。中国也一样。政策放开了，让大家自己去盲流，后来发现人们往哪里跑是很有规律的——哪里有收入就往哪里跑。

1954 年的《中华人民共和国宪法》中规定，人是有迁徙自由的。1954 年的宪法大量参考了 1936 年的苏联宪法，但苏联宪法里没有迁徙自由这一条。苏联大概有 25 个大城市，不能随便进去，要拿一个护照，否则就会被抓起来。我们 1954 年的宪法就对迁徙做了规定，允许你跑来跑去。但 1958 年发现不行了——一下子进城人数太多，工业方针又出了问题，不得不把 2 100 万人送回农村。然后顺道也把自由迁徙删除了。

不让人流动，但人在一个地方待得不开心怎么办？尤其是发现别人过得很好而自己过得不好时怎么办？那就想办法往好地方跑。我们有深圳潮、海南潮。深圳早期的生产力很大一块是由各地不满现状的人跑过来后创造的。海南于 1989 年建省，当时准备跟台湾地区竞赛，把海南变成了特区。这个决定一出来，全国各个城市的人都跑来了。

北京中关村的电子城也是，很多没有北京户口的人发现这里高校多、想法多、科技资源丰富，又是首都，需求也旺，总之有生意。于是在北京大学周围就搞起来了。开始时都不像样，四通源起就是四季青的人民公社，中国科学院里一些不满现状的知识分子出来以后跟四季青人民公社结合。四季青原来很多柜台都是卖菜的，后来把一些柜台借给知识分子用。

北京大红门曾经有二三十万人居住在一起，形成了“浙江村”，一起做俄罗斯的服装生意。他们在北京站稳脚跟了，就又带来了一批，再扩大一批，最后二三十万人就在北京的农村扎根了。我在 1993 年调研过，这里的服装产业只是起步，人聚得多了，卖菜的、做金店首饰的都来了，看起来乱七八糟的，但里面是什么都有，各式各样，很精彩。

人口的自由流动，刚开始的形态有时候是非常粗糙的，也许行为上还不太合乎当时的法律法规，但这就是我们要讲的城市化。城市化是什么，说到底，就是从生产力低的地区和部门迁移到生产力高的地方来。

早年的自由移动有个大问题——城里需要粮本、粮票，外来人没有，当年这个问题很难解决。1983 年，中共中央出了个文件，“允许农民自理口粮进城务工经商”，就这么一句话，成为中国城市化的新开端。这个开端一起，所有原来管得非常严的东西都开始松动。人到了城市，要有地方住，需要租当地农民的房子，那这个出租关系合不合法？就这样一点点地，随着城市化和人的流动，跟制度有关的很多变量开始变化。只要你不侵犯他人的自由，至少可以从最低程度开始给你打开一些空间。

接下来我们要问，有了自由，可以跑了，可以带粮食了，但是为什么人都要往某些地方跑，尤其是特大城市？这就需要我们理解什么是城市。

在中国的概念里，城市就是经过民政部批准的，县级市、地级市、省会城市、直辖市，纯粹是一个行政概念。再退一步讲，为什么有些地方叫城市，有些地方叫农村？对此各国定义有区别，但有一个东西是共同的：城市人口密度比较高，一块土地上容纳了很多人。美国的规定是，人口达到一定密度的地方就叫城市。而我们中国批一个地方是不是叫作城市，国务院、民政部要考虑很多变量，尤其是经济活动，每平方公里要有多少 GDP 产出。当然，也有特殊的城市，比如三沙市，属于国防需要。

因此，粗糙地讲，人口密度高的地方就是城市。但是人口密度高就会带来一个问题：拥挤。东西贵、空气质量差、竞争压力大等，各种对城市的怨言接踵而至。可是抱怨归抱怨，大家还是往城市跑。

为什么这么多人要到城市来？直到今天，不管是已经在城市里的人，还是想来还没来的人，恐怕都未必能想清楚。城市有利有弊，很多时候，利弊纠结在一起，从整体认知到个人感受，意识形态的分裂是城市化中一个有趣的现象。

我遇到过好多例子。第一次是2005—2006年，世界银行行长沃尔福威茨先生刚上任，第一站访问中国，到甘肃省永登县秦川镇东川村考察。考察中，他访问了当地农民马大爷。我给大家还原一下当时两人的对话：

沃尔福威茨：你过得怎么样？

马大爷：过得很好。

沃尔福威茨：你有几个孩子？

马大爷：俩儿子。

沃尔福威茨：他们干吗呢？

马大爷：在兰州念书。

沃尔福威茨：念完书以后干吗呢？

马大爷：在城里找个工作。

沃尔福威茨：为什么不回来呢？回来老家不好吗？

马大爷：好是好，不如城里好。

我当时就写了一篇文章，所有的发展问题最后都是一个问题：农村好是好，不如城里好。为什么不如城里好？城里收入高。世界银行行长在哪儿上班？华盛顿。

第二个例子是上海世博会开幕，为了把活动开展好，组织方安排了很多活动，其中一个是请韩寒演讲。世博会定的主题是“城市，让生活更美好”，结果韩寒一上场就说“我今天讲的主题是‘城市让生活更糟糕’”，弄得主办方很尴尬。但是大家想想，城市真的让生活更糟糕了吗？韩寒自己是干吗的？除了作家，还是F1赛车手。F1赛车可是全世界最贵的汽车赛事，一般的城市都举办不了，他喜欢这种赛事，却还说城市让生活更糟糕。当然，我们也明白，他是想批评城市环境差、空气差。但是有一条：没有城市，城市不大到一定程度，哪来的F1？

城市有这么多问题，为什么大家还要来？答案就是：城市能创造价值。

价值的第一条：需求。很多人聚集在一起，本身就是一个需求。分工对提高生产率的作用是惊人的，但什么条件可以支持分工？什么情况下分工越来越细？前提都是需求，得有一个巨大的市场撑着。

不少人在农村待过，村里有卖早点的吗？一个村子100个人中只有一两个人在外头吃饭，早点铺开了也白开。在1 000万人口的城市，同样是1%的人在外头买早点，早点铺就能挣钱。在农村，所有活儿全得自己干。农村人不是不努力，但分工程度太低。

我在农村待过 10 年，主要的收获之一就是发现村里人什么都会干，也什么都干，尤其是我师傅，生活能力之强，城里人根本没法儿比，但就是穷。我刚开始认为这不公平，后来才知道为什么人会得越多反而越穷，只懂得一点点反而生活得好。因为你懂得的这一点点只要符合分工，就能变成不错的收入。只有需求足够大、足够多，分工才能推进。大城市和小地方，差距就是分工程度不同。

价值的第二条：投资。人聚到一起，问题就来了。英国在很长时间内，城市人口死亡率大大高于农村，尤其是伦敦，死亡率非常之高，为什么？人聚到一起就容易有传染病，得有卫生设施，这需要投资。这些投资，人少的话建不起来，也没有价值。又如，30 万人聚在一起，垃圾怎么处理就成了问题。我参观东京时就看过垃圾处理，不仅能把城市弄干净，垃圾还能生热，渣子还能变成砖用来填海。但前提是有足够大的规模。很多投资都是一次性投入，人越多边际成本越小。

价值的第三条：信息。信息非常重要。人如果很分散，信息传播速度就很慢。人聚在一起，信息传播速度就快。各位都知道，信息有重要的价值，可以分享，而且信息和物质世界不同，信息的消费不排他，你消费之后，别人还可以接着消费。假定信息有经济价值，分享得越多越快，经济价值就越大。

价值的第四条：生产率。大家知道，只有提高生产率，才能消化成本。当下成本上升非常快，收入高的好处就显现出来了，既能消化成本，又能提高购买力，国内市场就兴盛了。如果人工成本高，生产率提不上来，消化不了，是要破产的。这就是所谓新增长理论的核心。生产率可不是仅仅把土地投入、资本投入、人力投入算上，那还不行，还有知识的生产。知识怎么生产？很有意思，知识是头脑的产物，爱因斯坦、牛顿……不管哪个科学家，其想法都是从大脑里出来的，大脑什么时候最活跃？互相激发的时候。我们为什么一说下乡，就说去休闲？就是因为在农村待着不容易有想法，待在城市就不一样，天天有人激发你。我们头脑里的知识都是在刺激和反应当中产生的。单个头脑再伟大，不受刺激也不会有想法产生。懂得这一点，就会理解为什么人才容易扎堆了。就是因为这些人脑子都是一流的，然后又不断地相互刺激，我们称之为见贤思齐。因此在我看来，大学未必一定要设在市中心，但一定不能离大城市太远。如果综合生活条件跟不上，看病、孩子上学，甚至连一杯像样的咖啡都买不到，好的人才就不愿意来，能人就不容易扎堆，知识就不容易生产。这跟很多人到纽约、洛杉矶打工是一样的道理。大家看看，为什么纽约、洛杉矶的收入高，因为其文化活动、科学活动、艺术活动多得很，人多，人群当中的怪才就多。很多奇特的才能，在乡下就是毛病，谁欣赏你？这种怪才只有在大都市才会被认可。有一部电影叫《立春》，故事是一个讲小地方的人能用美声唱法唱意大利歌曲，这种才能在小地方就不被认可。契诃夫有一部小说写俄罗斯一家人，有个孩子懂 6 门外语，如果不去莫斯科就完了，因为在一个小地方，懂 6 门外语跟长 6 根手指头一样，被认为很怪，而不觉得是什么才能。很多“有毛病”的人凑在一起就不怪了。没有大都市，怪才就少，因为他们找不到生存和施展的环境，结果怪才因为害怕被笑话，就只能装得跟普通人一样。这其实非常影响知识、文化、科学的发展。

城市化的价值还有一条，城市既提高了分工的需求，又降低了分工的风险。分工出现后，既新生一些专业，也会淘汰一些专业。被淘汰了怎么办？在小地方再就业非常难，大地方就多元化，这个不行，试试那个。

城市化的道理多得很，这只是一个开头，一层层想下去才能更深刻地理解人类为什么非要聚在这 1% 的面积上，这是全球几百年来的大趋势。所以研究城市化就要好好研究一下城市化的动力学。人凑到一起，经济机会就增加，收入水平就提高，就又吸引更多的人才进来。那些先入为主的大城市，越发展越大，其工程能力、管理能力都在不断提高，尤其是管理高密度人口的能力，处理火灾、流行病的能力等，都提高了。

中国人很有意思，人口流动的闸门一松动——允许自带干粮进城了，允许创业了，城市化就启程了。1978 年城市化比例不到

18%，1990 年达到了 30%，2011 年达到了 52%，追上了全球的平均水平，但也只相当于美国大概 20 世纪二三十年代的水平、日本 20 世纪五六十年代的水平。所以据此判断，中国经济还有很大的发展前景，还会有大量的人口、产业继续在空间上重新分布、调整。各种各样的预测都指向一条：未来至少还有几亿人要进城。

城市化可不仅仅是从农村到城市，还有从城市到城市，从小城市到中等城市，从中等城市到大都市，个中又有不同。

中国的城市化看起来很正常，不少人进城了，城市化达到了世界平均水平，但并不是所有指标都正常，应该说问题不少。

第一个问题就是城市化率与工业化率的失衡。中国城市化率达到了 52%，达到了全球平均水平，但对应的全球工业化率的水平是 26%。中国工业占 GDP 比重多大呢？ 47%，也就是说我们是典型的工业化超前，城市化滞后。为什么我们这两个变量跟很多国家不同？发达国家比如美国的城市化率是将近 80%，但其工业占 GDP 的比重不到 20%，两者之比是 4∶1，也就是城市化率是其工业化指数的 4 倍，法国是 4.11 倍，英国是 4.09 倍，德国是 2.64 倍，日本是 2.48 倍，要知道，德国和日本的制造业非常强。简单来讲，城市化率通常都是工业化指数的至少一倍以上。在金砖国家中，巴西的这一数据是 3.22，俄罗斯是接近 2 倍，南非、印度、中国是 1.09 倍。这个数据有很多解释，仔细分析起来很有意思，其背后是资源配置的规律。资源可不光在三个产业当中配置，一个产业分配多少人，还有一个空间配置问题，即经济资源的相对集聚度。中国为什么工业化发展很快，但同时又很分散呢？恐怕这就是中国特色——出口导向型所致。中国生产的东西没有经过中国自己的商业、物流，没有转成自己的消费，都出口了，连物流、金融服务、商业通道也全走境外，使得新加坡的结算很忙，中国香港的营销很忙，中国内地真成了世界工厂，甚至世界车间。反过来，外部市场一出问题，我们马上变成了庞大的产能过剩。温州和珠三角我都做过调查，在20世纪80年代全部做内需，后来怎么都转成外需了呢？国际单子大，动不动就是几十条生产线全包。外方的服务也简单，你只要发货，国际商业通道、金融服务、物流服务都是现成的。这个转型让大家都过得很舒服，老板们赚到钱开始炒房子、炒地，不再认真地像80年代一样开垦国内市场。但2008年金融危机一来就傻眼了：国际订单没了，国内市场又长年荒废。现在讨论进一步改革，这个机制就需要转变过来，否则还会出问题。

第二个问题是土地城市化快于人口城市化。城市化本来就是总人口当中城市人口的比例，是人口的城市化，全世界都是这一个概念。但中国就不同，一个在上海教书的美国人发现浦西和浦东都不同。浦西是地方小，人口很密，城市生活非常有效率，半天可以办好几件事。而浦东经济密度不够。所以他据此提出了一个经济和人口密度的概念。所谓土地城市化快于人口城市化，就是城市扩张太快，快过了城市人口的增长。换句话说，我们城市化水平听起来是提升了，但实际的经济和人口密度反而在下降。什么道理呢？这恐怕与我们的土地体制有关系。中国特色的土地制度有两个通道：农民的土地自己用，但是不流通，不进入市场，不标价，这是一块；另一块是能真正进入市场的建设用地，经过政府征用，土地市场招拍挂，变成了城市建设用地。这两个通道合在一起，导致了资源配置上一个难以承受的后果：农村的地，你家生孩子拿一块，我家生孩子也拿一块。东一块，西一块，房子盖得很散乱，又密密麻麻。城市呢？能征一块就征一块，多征多赚。朱镕基总理当年在江苏调查时讲过一句话，“走了一村又一村，村村像城镇，走了一城又一城，城城像农村”，就是感叹我们该密的地方密不起来，该疏的地方又疏不开。我有一次和茅以轼老师一起去英国，他做了一个比较，英国人口和国土面积跟中国江苏省差不多，但是从伦敦坐火车去看，除了几个大城市，出了城就是大片绿地，该密的地方密，该疏的地方疏；中国人就算从农村进了城，老家的地还接着占，占了在那里闲着。城市里每一届政府都在征地，乐此不疲。这一定是哪里出了问题。

我们一定要清楚，人不一定会留在他出生的地方，也不是每一块地都能变成经济中心。农业文明要靠光合作用，所以得占面积。工业文明不是这样的，尤其是动力、交通、通信发展起来以后，人完全可以更集中。2004 年发的文件，鼓励农村建设用地整理，城市建设用地增加要与农村建设用地减少相挂钩，这是一个原则性问题。怎么挂钩？是一亩等于一亩，还是两亩等于一亩？跟谁挂钩？那就先开一个口子，搞试点，不是说谁都可以干。

我开始想什么叫挂钩，哪本经济学书上也没写这个东西。先研究什么叫农村建设用地，原来指的是盖房子的宅基地、乡镇企业用地、村庄公共用地，反正不是耕地。怎么挂钩呢？挺有意思，先做一个规划，要建一块新区，新区小一点，规划好一点，容积率高一点，原来平层盖成两三层，新区争取用 20 亩地把原来 50 亩地要住的人和要办的事情搞定。规划好以后，一家一户去谈，同意不同意到新区去？同意就叫作拆旧建新，一户一户地签。搬过去后，旧的拆了，复垦成耕地。有两户如果不同意，50 亩地就可能变成 48 亩，就从原来盖房子的地方复垦出来 48 亩耕地，48 亩相比新区占的 20 亩地地省出来 28 亩。这 28 亩地的权利就能拿出来卖，和城市建设用地去挂钩，城市就有了 28 亩地的新增建设用地。当然，这 28 亩落到城市的不同地段，价格不一样，地租也不一样。地租中的一部分钱拿来拆旧建新，成为村庄建设投资。

我很欣赏成都，因为成都在 2008 年市里自己发了一个文件，就是确权。在转让土地之前，弄清楚这是谁的地，叫“还权于民”，把财产权还给农民。这个口号最早是一个管房地产的局长提出来的，这个事情了不得。然后就全面确权，确权要确到户，不确到户不行，就像 1998 年房改一样，一户一户弄清楚，然后这个市场就运转起来了，土地可以转让，可以抵押，可以拍卖，这是个人的，在某一个年限内，个人有权卖。确权还涉及一个年限问题，土地承包原来是 30 年，党的十八届三中全会改成“农民承包长久不变”。长久是什么意思，我在调查中就问一个村支书，他的解释是，长久就是只要你们不变，我们就不变。

但问题就此彻底解决了吗？没有。再深入下去就会发现，我们农村集体经济有个“大尾巴”：人口一变动，权力就要重新调整。

过去我们办人民公社。什么叫作人民公社？人民公社所有的人，包括将要出生的人，都有权利用这块土地。公社的土地一承包，问题来了，包完两年，有的家里娶媳妇了，有的家里生孩子了，有的家里老人死了，很快，这户的地多，那户的地少，这显得不公平，就要调，不调不公平，因为孩子生下来就是社员。但是地总是这么调来调去，就没人好好种了，今年施了肥，明年又变成别人家的了。

再往前追溯，中国这套机制是从哪来的？从苏联学来的。中国传统里没有这种事，一家是一家的地，不可能我们家孩子多了就分你们家的地。苏联是什么体制呢？村社社会主义。苏联人很少，地非常大，就搞村社体制，定期重征土地，你们家人多了，就到村社里分地，人少了就把土地还给村社。我们人民公社就学的这个，但是今天看来，留下了一个权利不确定的“大尾巴”。这个“大尾巴”不处理好，长久不变也照样解决不了根本问题。这是中国未来一个很大的挑战。

贵州湄潭做过一个试验，增加人口永不增地，减少人口永不减地，简称为“增人不增地，减人不减地”。这是 1987 年的改革方案，至今坚持了 30 年。有些人会问，人口多了，土地少了，怎么办？那就往外走，贵州湄潭正好因此得到发展——不得不往外走的人就把附近 30 万亩茶叶园开发出来了。如果所有人口都盯着原来的土地无限地分下去，谁都不走，表面上在追求公平，其实把所有人都绑住了。

农村土地确权遇到了两部法律。一部是 2002 年颁发的《中华人民共和国农村土地承包法》，规定承包期内不调整土地，人口变动不调整承包期限，也就是长久不变、永远不变。这是一条界限，人口再增加，要想收入再增加，只能往农业以外的行业去找出路。另一部法律叫《中华人民共和国村民委员会组织法》。村民自治有六七项内容，其中一项是关于承包经营方式的规定，一部分地方采用增人不增地，就是湄潭办法；另一部分是随着人口变化，隔几年就调一次。

成都实行确权，农村建设用地转让就有了机会，不断发展下去，农民中的人才就出来了。有个村子位置就在离都江堰 10 公里的地方，地震中 80% 的楼房都震塌了，灾后附近有一条新路修好了，地理位置就改善了，二队队长就一户一户做工作，除了本队的，还做了外队的工作，办法就是拆旧建新，最后可以腾出用地指标。因为位置不错，城里人愿意用，于是他就把指标拿出给城里人，开始是每亩地 15 万元，能换来 1 140 万元重建资金。最后卖到 44 万元一亩地，40 年使用期。在竞拍中胜出并买下地权的是成都的一家企业，它要搞养老，这块地非常整齐，树林非常好。

一个政策对路了，会发展成为一套有生命力的长期行为，帮助城乡之间形成一个新的接口。既不是无偿援助，也不是过去的低价圈地，而且将城市的土地价格上涨带来的土地租金和农村闲置土地资源相结合，形成一个新的体制模式。政府可以卖地，农民也可以卖土地的使用权，不是强制性的，在这个过程当中，城市发展了，农村资源得到了重新利用，对国民收入分配、资源配置都有帮助。

事实证明，只要我们一步一步去摸索，是有可能蹚出一条新路的。所以城市化说到底，不光是盖房子，不光是搞建设和投资，它还有相应的社会经济关系、权利关系要调整和改变。劳动力如今流动起来了，但相应的户籍、教育、社会保障严重滞后，一直没有流动起来，做不到人尽其才。很多人进城了，在北京做得不错，但户籍、社会保障带不过来，这是要进一步改革的。

党的十八届三中全会关于改革，很大一部分是讨论这些问题。社会保障体制改革至少要有利于劳动力资源的充分利用，要方便携带。一个四川的农民到湖北工作，在湖北看病，却不能在湖北报销。现有的体制显然不利于人口的充分流动。所以今后我们哪些是中央的财权和事权，哪些是地方政府的财权和事权，都要搞清楚。我们每个人都是中华人民共和国的公民，不是哪个县的，不能离开这个县就什么都没有了，这实在不利于增强大家的国民意识。1993 年的财税改革以后，非常有必要再根据这些年来的情况重新确定一下中央与地方的财权和事权。所以，改革不光是搞清政府和市场的关系，还有中央政府和地方政府的关系，以及不同地方政府之间的关系，这都很重要。

另一个需要好好改革的，就是前面说过的土地市场，一定要好好改。

再一个需要好好改革的就是现在行政主导的投资。人都跑了，进了城了，地方还在折腾。人人都要去的地方投资还远远不够，人在频频出走的地方还在不停地投资。我称之为“两头滴漏”，可是没办法，我们是行政主导。行政主导就意味着决策者不得不画地为牢。每一个公职人员都只能在自己的地盘内折腾，不能随便出去，不可能收购兼并。我到处去看，发现最大的一个错配是很差的地方有一个很能干的主政官员，很好的地方主政官员却很差。地差人差倒也罢了，就怕地差人强，主政官员很能干，他非要把一个差的地方折腾成某个中心。他能力又强，于是一个项目接一个项目地上，但最后就是没人来。北京、上海、广州、深圳，人们趋之若鹜，但是投资不够。这些现象值得我们好好研究。

最后一点，对高密度经济的管理我们准备不足，观念上也许希望它别来，但现实中它已经来了。这是规律，我们不能逃避，只能顺应和面对。当年工业部给家电行业定了很多点，结果几乎一个也没有剩下，剩下的是海尔、格力、美的。城市化也一样，不要跟市场拧着，不要跟规律作对。

大家一定要记住，今天逆城市化的事情，将来市场一定都会校正过来。现在最大的挑战是转变观念，从个人、企业到政府，都要做好准备，从内心深处真正地接受城市化，同时为大都市的高密度社区管理准备技术和人才。

我去东京考察过几次，有密集恐惧症的人可能看着很多图景都会头皮发麻。我们参观时曾有幸坐上直升机，在东京最高的楼顶上发现有好多建筑工地。我就问东道主这是什么意思，他说这是东京大都市改造项目，是东京一个很有想法的开发商做的。这个开发商认为东京原来的模式有问题，很多人每天要坐一个半小时的车来上班，再坐一个半小时的车回家，把大把时间浪费在了路上。他就要好好改造中心城市，把中心城市的功能变得更加丰富。除了上班，还能住，还能休闲，摆脱对交通工具的依赖。这就是我们今天讲的城市综合体，他自己称之为“城市立体化”。这个想法最初也没人听，东京政府想的是往外疏散人口，觉得中心已经太密集了，要减密而不是加密。好在东京是私人产权，他就一户一户去谈，在六本木这个地方用了17年时间一户一户地说服住户，最后建成了森大厦。城市化一般都是往外铺摊子，横向扩张，他的理念是往上发展，垂直做文章，要纵向发展而不是横向发展，这样交通压力就缓解了，生活质量也提高了。结果，东京房地产泡沫破灭以后整体房价大幅度下降，但六本木地块的楼盘房价还在上涨，为什么？因为客户喜欢，尤其年轻的客户喜欢。大家想想，你收入再高，没有时间有什么用？人最后的限制是时间，所有能节约时间的生活方式、生产方式一定是未来最有前途的。

这个项目后来引来一年4 200万人次参观，成为一个地标。虽然他已经去世，但他的城市综合体概念已经影响到了中国城市建设，王健林的万达广场、冯仑的立体城市，都是类似的想法。

美国芝加哥不愧是世界建筑师的朝圣之地，建筑非常多样化。但在设计未来15年的发展蓝图时，很多规则都是对原有楼宇的加密。巴黎原来建了很多6层的建筑，现在根本没法儿改造，只能在远一点儿的地方搞新的城市化。伦敦和纽约也在不断地改造老城、不断地加密。

我们中国是一个农业文明古国，也许是这个原因，我们很喜欢低密度，甚至以低密度为荣，特别是我们的首都北京。即使在金融街，也有好多半高不高的楼。我们为什么没有高楼大厦？限高。

我们要想真正理解城市，恐怕首先要把农业文明的观念调整过来。我们 13 亿人口，就这么一点平地，希望大家一起努力，把这点儿地方利用好。

警惕行政化回潮、平庸化和保守化

卢中原 （国务院发展研究中心原副主任）

在这个推进变革的时代，中国出现了一些行政化回潮，出现了平庸化、保守化的倾向，值得警惕。

我们来看看什么叫作行政化回潮、平庸化和保守化。

行政化回潮表现在三个方面：第一个是习惯用行政化的思路推进地区经济发展，解决区域经济发展难题；第二个是习惯用行政化的手段推动供给侧改革；第三个是习惯用行政性的办法和思路管理科技创新。

我讲的行政化回潮有些确实属于走回头路，也有些可能不是行政化回潮的问题，而是改革压根儿就没改到位。

第一个层面，不少地方推进经济发展，习惯依靠行政性的思维方式和做事方法。比如招商引资，中央提出鼓励用PPP方式，即通过政府资本与社会资本融合，来推进一个项目落地。在这个过程中，许多地方特别是一些老工业基地，原本计划经济的色彩就很浓，国有经济的分量很重，加之资源枯竭，非常需要深化改革，大力调动市场的力量，结果当地政府还是非常习惯用行政性的办法和思路，动不动就先设一个行政化机构，定一套行政化框架去推进工作。从表面上看，这是政府在积极作为，体现了政府的重视，但鼓励运用PPP模式，中央的意思是政府应更多地借用市场配置资源的力量，要调动社会资本，用市场化的方式运作公共领域的投资，用市场化的方式进行成本收益核算和项目运营。在东北几个省，也包括西北有些地方，对于企业家而言，刚一参与进来，就要进入行政化的框架和程序，就要面对行政化的面孔和氛围。这样的问题非常严重，很多企业家对PPP项目过于行政化的架构和氛围有切肤之痛。

当然不可否认，即便在东北三省，也有不少地区采取了值得称道的改革动作。比如哈尔滨，市政府对行政管理体制进行深入改革，用一个公章代替100多个公章，程序简化，行政管理效率大大提升。类似的改革创新之举在其他老工业基地也有推进。但在这些地区，总体上的氛围还是不适应我们国家推进市场化改革的大趋势和新要求。

党的十八届三中全会提出让市场在资源配置中起决定性作用，

从原来起“基础性”作用改为“决定性”作用，这三个字一改，是非同小可的事情。接下来才是政府更好地发挥作用，你看这个顺序很清楚。谁是前提基础？当然是市场，市场配置资源的作用由基础性变成决定性，然后才是政府在这个基础上更好地发挥作用。但是我们有些地方政府往往不这样理解，还是习惯把政府的作用过于强化。当然，在沿海地区，在民营经济发达的地区，在国际化、市场化程度更高的地区，这方面总体做得不错。

第二个层面，习惯用行政性的思路和办法推进供给侧改革。最鲜明的体现是在去产能、去库存领域。2016 年 6 月，我国钢铁、煤炭两个行业去产能的目标只完成了 20%—30%。我们常说，时间过半、任务过半。但 2016 年时间过半，去产能任务才完成了二三成，离过半还差得远。当年 8 月这两个行业去产能任务却已经完成了七八成，然后说年底可以达标，实际上没到年底就达标了。这件事情本身并没错，但问题暴露在哪里呢？我们进行宏观经济研究得看大宗商品价格指数，要让市场在资源配置中起决定性作用，这是很关键的指标。2016 年的大宗商品交易价格全在上涨，这必然与去产能形成直接矛盾。近年来工业品价格一直在下降，企业一度亏损得很厉害，好不容易赶上价格上涨，有望走出通缩和亏损困局，结果遇上去产能，两者发生了严重抵触，怎么办？若听从行政命令，硬是把产能减下去，表面上看数量达标了，但实际上并没有解决供求失衡和结构调整的难题。这是非常值得我们研究思索的。面对市场价格的上涨，企业一定会规避行政性去产能，想方设法恢复生产，加大排放、加大能耗。这样一来，怎么能解决产业结构失衡的问题？怎么能解决产能总量过剩的根本问题？

可见，我们在推动供给侧改革方面，现在还存在问题，那就是怎么结合市场供求关系变化和价格信号变化，跟市场机制协调起来。这方面做得很不够，很多地方更习惯用行政办法。后来主管部门发现以后，召集企业家来商谈，怎么协调去产能、结构调整和市场价格稳定。我觉得这就对了，但是我担心这又是一个“急就章”——当问题突出的时候才召集大家讨论；问题不突出的时候，比如 2016 年 6 月以前就听之任之。这是需要我们反思的。供给侧改革不仅仅是今年明年的事情，而是今后几年乃至十几年都要坚持的，这是很明确的中长期战略。因此，未来推进供给侧改革，要非常深入地研究怎么样更好地利用市场机制、价格机制，怎么不误伤企业在市场上的主导权和积极性。

第三个层面，习惯用行政性的思路和办法管理科技创新。这方面，客观来说最近几年做了不少改革，尤其是国务院 2016 年下达的相关文件，比如优化学术环境的指导意见等。前不久，这方面的改革力度又加大了，还取消了科研经费当中的劳务费比例限制，不再设置比例上限。当然，这只是在自然科学领域，对社会科学、人文科学领域还不适用，需要我们进一步研究。

但即使在自然科学领域、工程技术领域，这种用行政性办法和思路去管理创新的习惯仍然很严重。表面上已经确立了新规范，实际上可能又沿用老办法。比如，我在一些改革开放先行地区调查发现，本来一些新型科研机构在设立机构之初就定过章程，在产权上、管理上、运作机制上、接受审计上都是独立的，不混同于国家行政性事业单位。结果现在不行了，审计和巡视不管你原来的章程有没有用。新型科研机构兼具高校、科研院所和企业三重性质，要直接面向企业、面向市场、面向项目、面向需求，必须有更加灵活的机制，才能适应这4个“面向”，做出更多的科技创新成果。所以，国务院才专门制定文件，对新型科研机构进行定位和明确鼓励政策。可惜，现在有一种偏向，动不动就用行政性办法进行巡视审计，动不动就用老办法、老标准去查新型科研机构的资产和兼并重组，动不动就用管理行政机构和公务员的办法来约束科研机构和科研人员，甚至不惜使改革成果又退回老体制。过去废除的政府行政力量直接入股推进科技创新这种做法，现在有些行政主管部门又要捡起来，这说明我们行政化的思路和处事方式根深蒂固。

如今，处于全球变革时代的中国，转型变革和科技创新的意义越来越重大，这种行政化管理创新活动的习惯怎么能跟上改革的步伐？我在全国政协发言时曾明确提出，鼓励科技创新就一定要打破行政化、平庸化、保守化。否则，连个劳务费的比例都不敢突破，动不动就用老思路、老办法查问题，完全不考虑保护改革开放的合理成果，甚至宁左勿右，先切一刀再慢慢松口子，这怎么鼓励创新和变革？

我们应当看到，在行政化回潮的同时，还伴随着平庸化、保守化倾向，严重销蚀着变革和科技创新的动力。

平庸化和保守化突出表现为墨守成规，故步自封，悲观消极，坐等形势好转和国家强力刺激经济。科技政策往往过于重视供给方的资质和课题能否通过评审，而忽视成果能否转化为需求方所要的产品、服务和技术工艺，所谓的成果要么滥竽充数，要么束之高阁。各地普遍存在盲目建园区、上项目、争投资的冲动，形成低水平重复的同质化竞争格局，项目与市场需求脱节，特色不鲜明，技术含量不高，缺乏突破性。一些高新技术开发区降低入园企业的技术标准，大量引入一般制造业，混同于经济开发区；一些经济开发区引资和落地项目质量达不到预期目标，还不如非开发区给力。

一些历史包袱较重的地区不停地依赖优惠政策输血，一味等靠要，不思进取，不愿根治计划经济和国有经济的痼疾，寄希望于更多的外力救助，错失转型升级的机遇，表面上统计数字好看，实际上改革和发展又回到原点，经不起经济下行压力和中央政府挤泡沫的检验。一些改革开放先行地区也有锐气衰退、四平八稳的迹象，勇闯新路、开拓进取、敢为天下先的担当精神有所弱化，还不如一些内地省份那样敢于在科研管理体制改革、推动产学研结合方面大胆先行先试。

行政化回潮、平庸化和保守化这三个方面的问题，我先抛出来，希望引起大家的思考和警惕。今后要培育增长新动能，要推动结构性供给侧改革，这里面有许多东西要突破，不突破无法解决长远问题，无法适应全球变革时代下中国发展转型创新的要求。至于怎么解决，我有如下两条建议。

第一，在科技创新领域应当大力推进去行政化改革。科技创新尤其是颠覆式创新，往往需要突破传统、怀疑权威，其结果不可预测、失败风险高、不确定性极大，产业技术和产品创新更需要紧密对接市场和企业需求，整个创新过程必须严格遵循思维规律、自然规律、技术规律乃至经济规律。而行政化的等级制度、官本位、崇尚权威、强调服从、结果既定等内在特质，则明显与科技创新相抵触。即使是“两弹一星”这种成功的科技创新案例，也不宜片面归结为奋发图强、“集中力量办大事”的行政强力推动，而更应看到它是遵照规律、尊重人才、崇尚专业的科学精神的胜利。

一定要让科技创新回到它的科学化、合理化、专业化轨道，特别是产业技术创新和产品创新，更要回到市场化和需求导向的轨道。要砍掉科研管理中的一切繁文缛节，要害不在于做了多少减法，而在于是否真正打破了官本位和等级制的思维方式与管理方式，如果这个实质不触动，剩下的条条框框仍然会困住科技创新的手脚。

第二，克服平庸化和保守化倾向，需要提倡“一个坚决”“一个引导”“一个鼓励”。

（1）坚决以市场化导向和公共性规制推进产业结构调整，加快淘汰落后企业，妥善处理“僵尸企业”。在这个过程中把落后的理念、企业、政策淘汰掉一批，并且避免死灰复燃。

（2）引导各地和企业增强转型动力和定力，面对经济下行压力，不要怕、不要慌、不退缩，要沉住气，应该认识到经济下行期也是结构调整机遇期和优胜劣汰加速期，努力抓住机遇进行技术、产品、服务、营销、管理和商业模式等方面的创新，甚至实行“创造性的破坏”。

（3）鼓励各地、企业、高校和科研机构围绕科技创新大胆试验、大胆改革，宽容失败，授权免责，政府尽快全面公布权力和责任清单，对创新主体尽快公布负面清单，切实扩大各类市场主体的自由创新空间。

降低企业所得税是减轻企业负担的最有效途径[①]

林双林

近年来，中国经济增长率下降，许多企业经营状况欠佳，利润率下降。企业投资积极性降低，资金不愿进入实体经济，而是大量流入房地产业。降低企业税收负担，增强企业活力，已经迫在眉睫。

当前，向企业征收的税名目众多，降低哪一种税最能有效降低企业负担呢？答案是企业所得税。企业所得税是对经济增长负面影响最大的税种，中国企业所得税占总税收的比重远远高于发达国家。然而，降低企业所得税这一方案尚未引起重视。

---

① 本文初刊于人民网财经频道。

企业所得税是对经济负面影响最大的税种

企业所得税是对公司的资本所得和利润征收的税。关于企业所得税的归宿，著名的哈伯格定理认为，政府向企业征收所得税使公司资本回报率下降，促使资本向非公司部门转移；而由于资本回报递减规律，非公司部门的资本回报率也下降。因此，企业所得税完全由所有资本共同承担。

一些建立在各种动态模型之上的经济分析认为，企业所得税对经济的负面影响大。第一，企业所得税会增加企业负担，降低实际投资回报率，从而降低企业的投资意愿，导致资本积累放缓，经济增长率下降。第二，资本积累的下降会降低劳动生产率，影响工资，也导致了居民幸福指数的下降。

也有研究认为，最优的企业所得税应该是零。当然，如果企业所得税的收入使用得当，例如用于人力资本积累以及急需的基础设施，征收企业所得税也未尝不可，但不可过度。

经合组织 2010 年的一份研究报告发现，对经济增长危害最大的税种依次是：企业所得税、个人所得税、消费税、财产税。

中国企业所得税过高

2007 年 3 月，中华人民共和国全国人民代表大会通过《中华人民共和国企业所得税法》。同年 11 月，国务院通过《中华人民共和国企业所得税法实施条例》，规定自 2008 年起，内、外资企业所得税合并，税率为 25%；符合条件的小型微利企业，减按 20% 的税率征收；国家重点扶持的高新技术企业，减按 15% 的税率征收；民族自治地方的自治机关对本地企业应缴税中属于地方的部分，可以决定减征或者免征。

近 20 多年来，中国企业所得税规模不断扩大。企业所得税占总税收的比重也从 1995 年的 14.6% 上升到 2015 年的 21.7%。以 2014 年的该项占比数据 20.7% 为例，当年经合组织国家的平均值仅为 7.8%。据经合组织统计，企业所得税占总税收的比重，德国为 4.2%，法国为 4.5%，英国为 7.5%，美国为 10%，西班牙为 5.9%，芬兰为 4.4%，匈牙利为 3.9%，均大幅低于中国。

从企业所得税占 GDP 的比重，也能看出中国企业所得税负担的沉重。中国 2014 年企业所得税占 GDP 的比重为 3.8%，比经合组织国家的平均值 2.8% 高出一个百分点。据经合组织统计，企业所得税占 GDP 的比重，德国为 1.5%，法国为 2.0%，英国为 2.5%，美国为 2.6%，西班牙为 2.0%，芬兰为 1.9%，匈牙利为 1.5%，均低于中国。

中国大陆的企业所得税税率与亚洲其他国家和地区相比也较高。德勤会计师事务所资料显示，2016 年中国企业所得税税率为 25%，相较之下，日本为 23.9%，韩国为 22%，泰国为 20%，越南为 20%，新加坡为 17%，中国香港地区为 16.5%，中国台湾地区为 17%，均低于中国大陆。

降低企业所得税是减轻企业负担的最有效途径

当前，减轻企业负担的必要性和紧迫性得到人们普遍认可，但是人们对应降低哪些税种还认识不清。有观点认为应降低企业的增值税，也有观点认为应降低企业的养老金等社会保障负担。然而，增值税和社会保障贡献并不是减轻企业负担的核心。

和欧盟许多国家一样，中国的增值税是消费型的。企业能够通过提高物价，将增值税负担转嫁给消费者，由消费者承担。这就是人们把增值税称为消费税的原因。降低增值税会降低物价，增加消费需求量，而对企业负担的影响较小。

社会保障缴费以雇员工资为基数，企业可以通过工资的变化将社会保障缴费的负担转嫁给雇员。社会保障缴费的降低，会提高工人的工资，对企业的影响也较小。并且值得注意的是，伴随着人口老龄化，目前中国养老保障社会统筹账户已有巨额赤字，个人账户空账规模不断扩大。如果降低社会保障缴费，而不减少养老金发放，势必造成社会统筹账户更大的赤字和债务，危及社会保障的可持续性。

前面提到，企业所得税是完全由资本负担的税种，是真正能够对企业产生重要影响的税种，因此降低企业所得税才是减轻企业负担的最有效途径。而且，企业所得税对经济负面影响最大，降低企业所得税对整体经济发展有好处。

缩小税基，降低税率，降低企业所得税负

降低企业所得税可以从缩小税基和降低税率两个角度来考虑。

目前，中国企业所得税税基偏大。《中华人民共和国企业所得税法》规定，在计算企业的应纳税所得额时，成本、费用、损失、按照规定计算的固定资产折旧、年度利润总额 12% 以内的公益性捐款、存货成本等项目可以扣除，而股息、红利、特许权使用费、部分固定资产折旧等项目不能扣除。实际上，可以通过扩大企业成本中允许税前扣除的项目范围，缩小税基，降低企业税负。

同时，可以通过降低企业所得税税率来减轻企业负担。中国的企业所得税税率为 25%，还有降低的空间。在世界范围内降低企业所得税税率的趋势下，中国也应该适当降低企业所得税税率，从而给企业更大的发展空间和投资动力。

此外，也可以像美国一样，采用更加完善的累进企业所得税税率，给予不同规模企业不同的税收优惠，减轻中小企业的负担。

经济增长与医疗健康：中国观察[①]

刘国恩（北京大学博雅特聘教授、国家发展研究院教授、中国卫生经济研究中心主任，教育部经济学长江学者特聘教授）

提高生产率是实现经济持续增长的关键之一

经济增长是2017年全国两会讨论的热点。针对经济下行压力加大的问题，李克强在中外记者会上形象地比喻说："我曾经在少林寺陪同外宾看过武僧表演，几岁的小武僧一口气翻十几个跟头毫不费劲，而练过十几年武功的青年武僧翻三五个跟头就了不得了，主要是块头大了。"[②]这个比喻寓意深刻，不仅抓住了经济增长的关键特点，同时也蕴含了促进增长的方向。相对小武僧，大

---

① 本文根据2017年3月刘国恩在"朗润·格政论坛"第80期活动"两会解读报告会"上的演讲整理而成。

② 李克强总理记者会巧喻妙答　回应内政外交热点［EB/OL］.（2017–03–15）. http://www.chinanews.com/gn/2017/03-15/8174569.shtml.

武僧要翻好跟头，既需要更高的技能，还需要更大的舞台。同理，大国经济的持续增长，也应当在提高生产率和扩容需求两方面同时下功夫，缺一不可。

就提高生产率而言，根据增长理论与实践观察，最重要的决定性因素莫过于技术创新，而技术创新的根本源泉是大众创业。从人类经济史看，相对于自上而下的政府主导工程，真正持续的创新动力更多源于自下而上的大众创业活动（Edmund S. Phelps, 2013）。俗话说，两个脑袋永远比一个脑袋好使。针对李克强“大众创业、万众创新”的号召，我认为“大众创业”必须是“万众创新”的土壤。因此，有关政府部门应着力培育大众创业这一土壤，尽可能为大众创业开灯让道、保驾护航。李克强指出，处理好政府和市场的关系是经济体制改革的核心问题。从经济学角度来看，就是降低制度性的创业成本，这应该是当下中国经济持续增长的一条主线。

扩大需求容量是实现经济持续增长的关键之二

大国经济的持续增长，不仅要求供给侧生产率的不断提高，还要更加注重对接市场需求的不断扩容。这既包括外需市场，如“一带一路”倡议，也包括内需市场的转型升级。就内需市场而言，需求的扩容从来没有像现在这样重要。在改革开放之初的20世纪八九十年代，生产率相对低下，供不应求的短缺问题是中国经济当时的主要矛盾，生产什么不是大问题，如何生产（提高生产能力）才是重点。当下的中国正在经历中等收入的发展阶段，大众的主体需求不再是简单的温饱，因为耐用消费品不断积累，消费层次不断提高，消费选择也越来越广。从产业结构来看，生产什么越来越成为首要经济问题。其实，如果我们比较中外产业结构与市场变迁，在中等收入通往高收入的发展道路上，发达国家可以为我们提供很多借鉴经验，包括宏观产业结构转型以及农业居民的城市化。

就产业结构而言，1978—2015 年，中国产业结构发生了重大改变：第一产业（农业）和第二产业（工业）占总经济体的比重在 1978 年高达 80%，第三产业（服务业）仅为 20%；2015 年，服务业比重突破 50%。相较之下，美国在 20 世纪 70 年代的人均收入约 8 000 美元，与中国的现阶段水平相当。当时美国服务业占总经济体的比重在 60% 左右。之后美国的人均收入持续增长，直至现在的 5 万多美元，现代服务业的比重则持续上升到 80%。很明显，不断扩大的服务需求是支撑美国迈向高收入和经济持续增长所必需的基础。

事实上，大多发达国家的增长路径均无例外。该判断的微观基础可通过经济学上的恩格尔系数来理解：在人们收入不断增长的过程中，用于食品的相对开支比例不断下降，因为个人的食物需求受到生理极限的约束；同时，人们对于大多数有形物品的需求，特别是耐用消费品，也随着对这些物品拥有程度的提高而减少，呈现显著的边际消费递减的特征。那么，如果经济增长要持续，能够不断扩容的需求基础在哪里？不难看出，相对于GDP中的有形产品，人们对无形服务的消费具有可支撑持续增长的比较优势，其具有弹性大、不易储蓄、难分解、劳动密集等特征。

“健康中国”是新时期国家持续发展的优先战略

在发达国家，GDP用于医疗卫生服务的比重为10%，其中美国接近20%，居全球之首。美国芝加哥大学诺贝尔经济学奖获得者罗伯特·福格尔（2009）通过观察欧美人群过去100多年的消费结构变化发现，随着收入的长期增长，人们消费结构相对上升的最大部分是医疗健康服务，其收入弹性高达1.6，即医疗服务需求的增长率是同期收入增长率的1.6倍，这意味着家庭其他开支的相对占比随着收入的增加而持续减少。

根据中国的最新统计数据，2016年医疗卫生服务占GDP的比重为6.2%，提升空间巨大。根据预测，随着经济增长和人们收入水平的不断提高，2020年中国的医疗健康服务业占GDP的比重将接近8%，2030年将接近16%。

在2016年8月19日召开的全国卫生与健康大会上，习近平代表中共中央、国务院宣布，把人民健康放在优先发展战略地位。[①]习近平同时指出，为了更好落实该项重大举措，“健康中国”必须融入国家所有的相关政策和制度安排中。因为决定人们健康的要素除了医疗技术，还有更为重要的健康行为与健康环境等影响因素。换言之，“健康中国”包括两大核心内涵：一是以疾病医学为中心的医疗服务，服务人群为疾病患者，提供的服务是针对疾病的诊断和治疗；二是以健身预防为主的健康服务，提供的服务是面向全体人群的健康促进、健康营养、健康护理、健康养老等。不难看出，“健康中国”的发展战略不仅是惠及每个人的民生工程，也必然催生新世纪的大健康产业，成为支撑中国经济持续增长的现代服务业“龙头”。

医改应大力推动医疗、医药、医保的“三医联动”

根据国家近期出台的相关制度安排，医改工作重在同步推进三个方面的改革，即医疗、医药、医保制度的“三医联动”改革。

第一，目前中国医疗体制存在的最大问题仍然是供需结构严重扭曲导致的低效服务。现行医疗服务体系可简单归为两大类：三级大医院和基层医疗机构。从理论上讲，大医院的比较优势在于提供处理疑难重症的专科住院服务，基层医疗机构的比较优势则在于提供常见疾病的普通门诊和保健服务。基于经济学常识，

① 习近平：把人民健康放在优先发展战略地位［EB/OL］.（2016–08–20）. http://news.xinhuanet.com/politics/2016-08/20/c_1119425802.htm.

根据比较优势分工进行生产和交换，是任何生产和服务效率得以提高的关键。现实的情况则是，三级大医院既提供高端的专科住院服务，又提供从检查到治疗的各类门诊服务，因而付出了巨大的机会成本，导致严重的资源错配和低效问题。更为棘手的问题是，三级大医院绝大多数为公立机构，不可避免的行政保护和非竞争垄断，最终演变为难以撼动的“上大下小”的供给侧倒三角，与疾病谱决定的“下大上小”的需求侧正三角的严重错位。

根据2016年8月出台的《“健康中国2030”规划纲要》，五大制度安排将成为未来医改工作的重点：一是分级诊疗制度安排；二是现代医院管理制度安排；三是全民医保制度安排；四是药品保障制度安排；五是综合监管制度安排。比较过去出台的相关政策，《“健康中国2030”规划纲要》首次把分级诊疗作为医改制度建设的首要目标，凸显了分级诊疗的重要性。所谓分级诊疗，即使不同级别的医疗机构进行更有效的服务分工。根据各自的比较优势，大医院应该主要集中提供疑难重症的专科住院和急诊服务，基层医疗机构则主要承担普通门诊的全科服务和公共卫生。李克强在2017年的《政府工作报告》中再次强调这一改革目标，并要求基层医疗的家庭医生签约要尽快扩大到全国85%以上的地市。[①]当然，公立医院改革还有其他若干重任，其中包括取消药品的

① 把家庭医生加为好友吧［EB/OL］.（2017-03-13）.http://www.sohu.com/a/128737900_162422.

15% 加成，推进医生薪酬制度改革，探索公立医院现代管理制度，以及事业单位编制改革等。

第二，解决药品的一致性评价和流通制度改革。一方面，要尽快实施仿制药品的一致性评价标准，进一步提高药品研发和生产的质量、安全性和有效性，促进国产与外资企业药品的公平竞争。另一方面，持续推进药品流通市场的改革，乱象丛生的加成、回扣、劣质甚至天价等顽疾已经成为各级政府解决问题的重要“靶点”。在若干相关的应对措施中，政府强力干预的手段当属强制推行医药流通市场的“两票制”，即从生产企业到流通企业为“一票”，从流通企业到终端服务机构为“一票”，以期消除若干不必要的中间流通环节，降低流通费用，达到控制成本的目的。对此，我们拭目以待。

第三，异地就医结算和支付制度是近期医保制度改革的重要任务。2009 年以来，中国建立了覆盖 95% 人群的基本医疗保险制度，这是医改工作最为显著的阶段性进展。同时，待完善的任务还有很多，其中既有短期要完成的工作，也有长期面临的艰巨任务。短期而言，根据国家“十三五”医改规划，全民医保 2017 年要完成的重要工作包括整合三大医疗保险的管理平台，先行推进省内的异地就医和医保结算。之后，再覆盖至全国层面，实现跨省的全国医保“漫游”，外地住院患者不需要再承担先自己垫付后医保报销的费用负担。当然，完善医保体系的长期重要任务是不断改革支付手段。对于任何市场和行业，支付制度是连接供需最重要的纽带，也是解决供需矛盾最重要的机制。医保支付手段的有效性取决于医生、患者、医保三个利益相关方的激励和利益相容程度。中国现行的医保支付手段还相当粗放，医保改革的宗旨就是不断完善三方利益和激励相容的制度安排，通过更有效公平的资源配置，发挥引领整个医疗服务体系改革的中心作用。事实上，无论是在哪个国家，包括发达国家和发展中国家，支付手段的改革永远在路上。

互联网经济治理四问[①]

薛兆丰

20年前，我属于第一批使用互联网的人，那时候社会上对我们这种人有一个别称——“网虫”。在他们看来，上网是一种另类的消遣模式，但是到今天，上网已经贯穿我们每一个现实生活的场景——新闻、社交、购物、交通、支付、借贷、娱乐和教育，不再仅是消遣。

我在App上找一家餐馆，用支付宝或者微信付款，半小时内快递员把食物送上门。我想问大家：这是实体经济还是虚拟经济？你会说，这么问很幼稚，实体经济和虚拟经济分不开。

我买辆车带家人去郊游，去餐馆吃一顿烛光晚餐，去电影院

---

① 本文初刊于经济观察网。

看一场电影，请问这是精神享受还是物质享受？你也会说，这么问很幼稚，物质和精神分不开。

今天很多人喜欢把实体经济和虚拟经济对立起来。这样确实不对。你还喝水吗？还用空调吗？我们还喝水，还用空调。虚拟经济或者数字经济其实带动和补充了实体经济。问谁替代谁这个问题没有意义。你要问的是，有意思的是，这一种实体经济怎么样了？你们家的水卖得怎么样了？你们家的空调卖得怎么样了？

线上和线下已经分不开了，大量的线下生活已经搬到了线上，用互联网的方式来处理了。这个时候，互联网经济治理成了突出问题。这个问题从来没有像今天这么急迫和普遍。

互联网经济治理可以概括为 4 个基本问题。

第一个基本问题：产权归谁

互联网经济产生了许多新的数据，数据就是资产。一个人逛淘宝店，逛店的轨迹数据，到底应该归谁所有？是消费者、网店、淘宝平台还是政府？大家都觉得自己的看法有道理，整个博弈的过程也会相当漫长。但我们相信，整个治理的规则，会朝着一个平衡点移动。这个平衡点，就是数据资产价值的最大化。

谁能把数据用好，数据就更可能是谁的。那些能尽量把数据资产所具有的潜在价值发挥到最大的治理规则，能够使数据资产发挥最大效益的产权界定原则，就是好的规则，就是稳定的规则，就是大家都愿意遵守的规则，就是能让大家活下去、活得好的规则。

在 Kindle（金读）阅读器上，我们阅读时顺手划的下划线信息的知识产权归谁所有？是读者、作者还是亚马逊平台？实际是归亚马逊平台所有。在我们购买了 Kindle，第一次使用时，就接受了协议，让这个知识产权归亚马逊平台所有了。我认为这个界定是合理的。原因很简单，亚马逊平台使用这些信息所能产生的价值，要比每位读者把这些信息藏起来当作自己隐私的价值大得多。

同样，政府机关，特别是公安机关，也会问平台要数据。这当中当然有博弈，有抗衡，但我相信最后的结果不会一边倒，既不会让政府为所欲为地拿到所有的数据，个人也不可能绝对地保有隐私。这当中有一个平衡点，谁把数据用得越好，谁就越可能也越应该掌握数据。

第二个基本问题：责任归谁

一个消费者在淘宝平台上买了一件假货，他的利益受到了损害。如果说责任完全归消费者，那么消费者的损害就达到了最大化；而如果我们把责任推给平台，那么平台就要承担很大的成本，不仅有赔偿的成本，还有管理的成本，要雇很多人，要用很具独创性的技术来进行打假。确实，阿里巴巴也一直在用这些技术，但是它也不能够承受无限责任。

那么能不能让政府来担责？政府来做，能像平台那样雇那么多人吗？能用上这么先进的技术吗？我们都知道，监管部门的一个处级部门里面只有几个人。你要他们几个人把全国的假货都管起来？他们不应该承担这样的责任。非要让他们承担这样的责任，他们就会把平台给关了。把平台关了，官员算是能够交差了，但是这样的话，又会产生另外一个更大的成本，那就是全社会丧失互联网交易平台的所有好处。这时候，整个社会所承担的成本，就要远远高于部分消费者买到一些假货所要承担的成本。所以，我们应该追求的，不是单独一方的责任最大化、单独一方的成本最小化，而是整个互联网治理的社会总成本的最小化。

制度的演化过程是漫长的，但它应朝着一个方向去迈进：责任怎样分摊能够使全社会总的治理成本最小化，怎样的治理体制就是合理的。在这当中，没有谁是完全免责的，也没有谁是负全责的，那将是一个平等的协同治理的生态，而不是自上而下的命令体系。

第三个基本问题：谁来试水

我们面前有两套哲学：一套是凡有新生事物，我们先制定法律，先有规范，再按照规范发展；另一套是先让新事物发展，如果出现重大的问题，法律和管制再跟进。

显然是后一套哲学更合理、更贴近现实。法律和管制总是对现状的确认——是法律和管制适应社会发展，而不是社会发展适应预定的法律和管制。

如果在网约车还没发展起来之前，就先让交通部门里那些管出租车的人来制定法规的话，那我们今天网约车的轴距就肯定是 2.6 米以上，此外还有数量管制和价格管制，而计价器就一定是出租车上的计价器，不会是用户的智能手机。

再如市场准入问题。2010 年，国家工商总局 49 号令确认了自然人只要向互联网平台申报自己的真实身份，就可以在网上展开经营。门槛这样一下子降低了以后，电子商务就蓬勃发展起来了。这是电子商务发展历史上重要的制度创新，具有国际示范意义。

至于电商到什么阶段要进行工商登记，应该给他们以自由选择。这跟我们谈恋爱是一样的。我们从同学、同事发展成为恋人，再去登记结婚。如果规定谈恋爱以前就必须到民政局登记，民政局不堪重负不说，世界上绝大多数的好姻缘也都不会存在了。所以，让互联网平台先试水，发现重大问题，法律制度再跟进，这是我们的一个共识。

中国互联网经济之前经历了政府部门不太管的过程，今天要接受一个更大的挑战，就是政府部门管得过多、过宽。实际上，政府部门应当将稀缺的政府管理资源转向管理社会、管理公共政策、管理雾霾，放手让市场、让平台去完成自律自治。

第四个基本问题：向谁靠拢

我们现在有很多讨论，说线上线下不公平。我认为讨论公不公平的问题，本身没有意义。线上线下情况本来就不一样，线上有数据资产，线上会出现炒作信用，线下有吗？

公不公平不重要，重要的是我们要看到未来的发展方向。我们评判一个规则到底合不合理，不应该根据它是否与线下看齐，而应该根据未来发展的趋势。看新的治理模式，要看它能否顺应未来发展的趋势。

既然是新生事物，我们为什么一定要用传统的方式去套呢？为什么不可以给新生事物一个恰如其分的身份、一个恰如其分的治理规则呢？我们要向前看，要用发展的眼光，让线上带动线下，让线下朝着线上的新标准来转变。

互联网经济治理的研究意义重大，它将为未来这一领域的实践指明方向。

雄安会成中国土地与房产体制改革契机吗[①]

卢锋（北京大学国家发展研究院金光经济学讲席教授、中国宏观经济研究中心主任）

什么条件下经济社会综合力量推动土地体制朝市场化方向演进或发生突破性进展？什么环境下土地体制会相对稳定并缺少进一步改革的动力？从这个角度观察近年新一轮经济下行调整期房地产市场的走势特点，最近中央做出设立雄安新区的重大决策，可能会构成中国土地与房地产体制重新选择的现实契机。

简略回顾中国改革开放的历史可以看到，改革初期农业土地管理经营方式的改变，对当时土地国家和集体全能控制体制撕

---

① 本文根据卢锋于2017年7月在中国财富管理50人论坛举办的“产权安排与要素流转——农村改革与城市化”内部研讨会上的发言整理而成，初刊于财新网。

开一道口子，并推动后来农业用地承包权、流转权的持续改革。20世纪80年代对外开放和城市改革启动与初步发展背景下，深圳1987年年底土地拍卖第一槌开启了国有土地使用权交易新阶段。农业土地使用权、经营权、在农业利用范围内的流转权逐步界定，城市国有土地使用权、流转权的市场化界定，为推动过去几十年农业增长与经济发展释放巨大正能量。

然而，现行土地制度在推动城市化于一段时期内高速发展的同时，也由于农业土地向城市建设用地流转通道的体制性隔断及政府垄断城市建设用地一级供应特点，在经济公平、资源配置效率与宏观稳定方面都带来不利影响，不适应中国城市化持续深入推进。特别是2015年下半年始于深圳，随后在一线和少数大城市大范围发生的新一轮房地产价格飙升，以近乎自然试验的方式显示土地供应体制和机制扭曲成为房地产市场不稳定和价格泡沫化的最重要根源之一。房地产市场波动对供给侧结构性改革政策实施造成困扰，促使很多城市陆续出台新一轮力度更大的以限制需求为重点的调控政策。

上述环境不能不对雄安新区决策在房地产政策选择上造成影响。政府重大决策改变人们行为预期并派生市场投资行动，推动新区相关资产价格出现上升行情，应是市场经济环境下合乎逻辑的现象。如果资产供求调节机制能比较正常地发挥功能，经过一定时期价格波动，市场会收敛至某个新的平衡状态。从股市反应看，雄安概念股整体于 2017 年 4 月初开盘后一周左右快速增长，到 4 月 11 日涨幅达到 36%，随后波动中下降到 6 月 2 日（周五）的 14.5%。当局对这一调整并未实施特别管制干预，说明资产价格市场调节并非注定会造成不能接受的结果。

然而房地产市场情况不同。由于存在上述体制机制扭曲，任由市场预期引导交易变动可能导致比股票市场高得多的价格波动，考虑到现有土地供应体制在自发调整平衡机制方面具有较大局限，市场交易结果可能难以接受。据媒体报道，4 月 1 日雄安决策公布后，不少投资者第一时间赶赴雄安，个别人甚至携带成箱现金试图抢购商品房等资产。如不加规制，会出现比 2014 年保定新区传闻、2015 年通州北京副中心政策引发的更大幅的房地产价格飙升。给定近来新一轮房价飙升后政府加强房地产市场管控的当下政策环境特点，也考虑到炒高房价对贯彻雄安建设方针的不利影响，雄安决策自然要在房地产市场管理方面采取某种破立之举。

当然，要调控新区房价仍有不同选择。如一种可能是采用大量供地数量调控手段打压过度炒作冲动，类似于 2011 年以后一段时期政府增加供地抑制房价的做法。另一种可能是考虑利用建设雄安新区的历史性机遇，趁势进行土地、财税的配套改革，通过完善城市化“人地房钱”的市场化体制，根治房地产价格泡沫化的体制机制根源。还有一种可能是进一步强化对土地和房地产的行政掌控，通过对市场交易的管制范围和力度，强行矫正体制机制扭曲造成的市场畸形表现。

从雄安决策公布后的实际情况看，针对目前的特殊形势，决策层不得不采用严厉管制房地产和土地市场交易措施，在新区实施四严禁、两严管、一严防的“七严”政策。据新华社 4 月 5 日报道，新区“已经查处房地产建筑领域违法违规行为 765 起，拆除违建 125 处，关闭售楼部 71 家、中介机构 35 家，清理违规售房广告 1 597 条，严厉查处违规网上售房行为 9 起，对 10 家恶意炒作的房地产企业进行约谈，刑事拘留违法犯罪嫌疑人 7 人”。

不难理解短期冻结交易举措的务实必要性，问题在于新区如何选择长期土地与房地产管理体制。从有关权威专家、评论人士表达较多的意见看，在目前冻结市场交易超常举措基础上，新区有可能采用新加坡住房和土地管理体制。新加坡组屋模式的突出特点是，国家直接控制全国 90% 的土地资源，政府行政分配 80% 的公民住房资源。假如新区真的采用新加坡相关体制，或许会意味着改革开放以来中国房地产和土地体制演变轨迹的某种转折性变化。在这个意义上，雄安建设有可能成为中国房地产与土地体制进一步演变选择的分岔路口。

兹体事大，相信决策部门会多方探讨、全面分析与审慎研判。我们也在思考研究这个问题，初步看法是，应充分肯定新加坡模式的成功之处及借鉴意义，然而新加坡作为小型城市国家的住房模式特征形成和成功条件与中国基本国情存在巨大反差，对全面采用新加坡模式的可行性要深入探讨。

习近平指出，规划建设雄安新区要“推进体制机制改革，发挥市场在资源配置中的决定性作用和更好发挥政府作用，激发市场活力”。[①]针对中国房地产和城市化体制困局，应通过深化改革创新体制寻求解决之道。可考虑利用建设雄安新区机遇，趁势推进房地产供地、税收及相关体制配套改革，使雄安建设像当年深圳、浦东新区那样在体制改革创新推动发展方面切实发挥引领作用。

① 中共中央、国务院决定设立河北雄安新区［EB/OL］.（2017-04-01）. http://politics.people.com.cn/n1/2017/0401/c1001-29185929.html.